揺れ動くユーロ

通貨・財政安定化への道

吉國眞一・小川英治・春井久志 編

蒼天社出版

揺れ動くユーロ

通貨・財政安定化への道

吉國眞一
小川英治
春井久志
[編]

蒼天社出版

はしがき

フランチェスコ・パパディア

二〇〇九年九月に、日本の神戸で「ユーロ一〇年」と題されるシンポジウムが開催され、主催者の一人である旧友、吉國眞一氏の招きにより筆者も参加した。

同シンポジウムでは、発生して二年が経過していた金融・経済危機について日本、欧州、アジアから専門家たちが参集し、実りある議論が展開された。しかし、参加者・・・その中には、日本銀行の中曽宏氏（訳注―日本銀行理事、現副総裁）、欧州中央銀行の筆者という中央銀行の現役も含まれていた・・・の中で、この序文が執筆されている四年後の現在になっても、危機が完全に克服されたとは全く言い切れないという状況を予測していたものはいなかったのではないか。実際、日本、アメリカ、ユーロ圏、イギリスで中央銀行の政策金利がゼロ近傍であることは、グローバル経済が未だ正常状態に復帰していないことを顕著に示すものだ。さらに、当時「アメリカ版」だった危機が、二〇一〇年春にギリシャの財政赤字の著しい過小申告が露呈したことで、欧州に波及することを、誰が想像しえただろう。

シンポジウムから四年経った時点でその後の経済の推移を振り返ってみると、当時提起されなかった二つの問題について考えることが有益だと思われる。第一に、中央銀行が危機の第一段階で開始し、その後一段と強化した「非伝統的な」政策の是非である。第二に、数十年前のジャン・モネ（訳注―EUの父と呼ばれる、欧州石炭・鉄鋼同盟の提唱者）の予言、「ヨーロッパは、起り来る危機への対応の集積として形成されていく」が果たして実現したかどうかだ。

The symposium, titled "Ten Years After The Introduction Of The Euro", was held in Kobe, Japan, in September 2009. I was invited to participate to it by one of the organizers and my old friend, Shinichi Yoshikuni.

The symposium allowed a fruitful exchange of views among Japanese, European and Asian experts on the economic and financial crisis that, at that time, was 2 years old. Participants, including from central banks, like Hiroshi Nakaso from the Bank of Japan and myself from the European Central Bank, could not have known that, even more than four years later, when this foreword is being written, one could not confidently state that the crisis has been definitely surpassed: central bank interest rates close to zero in Japan, the US, the euro-area and the United Kingdom are a clear sign that the global economy has not gone back to any normal situation as yet. Neither could participants to the symposium foresee that after the "American" phase of the crisis, which started with the sub-prime failure, there would be a "European" phase, which started with the revelation about the serious misrepresentation of the Greek budget deficit in the Spring of 2010.

With the hindsight of four more years of economic developments after the symposium, it is useful to address two questions that could not be addressed at the meeting: first, whether the unconventional measures, which central banks started taking in the first phase of the crisis and have reinforced since, have

危機における中央銀行の政策については、その追求した「目的」と、実際に危機において取られた「手段」が何であったのかを思い起こすことが肝要だ。

目的については、物価の安定と不況の克服という旧き伝統が健在である。欧州中央銀行など一部の中央銀行が物価安定専一を、アメリカＥＲＢをはじめとする他の中央銀行が景気・雇用にも配慮する二重目標を掲げているが、金融危機においては二つの目標が一致することで、こうした相違は無意味になった。

一方、手段に関しては二つの点で、全く先例のない変化がもたらされた。まず金利が急速に低下してゼロ制約に直面し、一方中央銀行のバランスシートが文字通り爆発的に増加したのだ。後者の異常さを一層際立たせたのは、先進国の中央銀行が、市場において流動性の確保が不可能になった民間金融機関のニーズに応えるため、他の中銀に対して外国為替スワップという形で大量の、時には無制限の流動性の供給を容認したことだった。

結局何が問われているのか？　かくしてとられた前例のない政策手段が、伝統的な政策目的を成功裏に達成できたかということだ。答えを下すのは、物価については景気に比べて容易かもしれない。物価の安定については、今や物価上昇より下落の方がより問題になっているとはいえ、概ね維持されてきたと言える。通貨と金のリンクが失われて以来初めて、中央銀行がインフレーションとデフレーションの双方に公平に対処できるかがテストされた。そしてテスト

proved justified; second, whether the decades-old prophecy of Jean Monnet, that Europe would be built by cumulating answers to recurrent crises, was confirmed.

On the question of central bank action during the crisis, it is useful to recall which were the objectives that were pursued and which were the tools that were used during the crisis.

On the objectives, there was no change with respect to a long tradition: maintain price stability and fight recessions. The difference between the single mandate of some central banks, like the European Central Bank, establishing the predominance of price stability, and the dual mandate of other central banks, like the FED, also committing to protect activity and employment, became irrelevant during the crisis as the two objectives just coincided.

On the tools, instead, the changes were unprecedented, as demonstrated by two phenomena: interest rates were brought sharply down, until they met the lower zero bound, and the balance sheet of central banks literally exploded. Adding to the extraordinary nature of the second phenomenon was the fact that central banks in advanced economies allowed fellow central banks to draw very large, in some cases unlimited, amounts of their liquidity by means of foreign exchange swaps, in order to satisfy the needs of banks unable to find in the market the liquidity in the currency they needed.

The question, at the end, is whether the unprecedented tools

はこれまでのところ合格点だった。

しかしながら景気と雇用については、仮定的な形でしか判断を下せない。すなわち、中央銀行が実行した政策がとられなかったら何が起こっていただろうかということだ。仮定に基づく分析には、必然的に限界があるにせよ、圧倒的な多数意見によれば、二〇〇七年に始まり、二〇〇八年秋のリーマンブラザーズの倒産で本格化した危機の破壊的なポテンシャルは、一九二九年から三三年にかけての大恐慌に匹敵するものだった。とすれば、政府の施策と並んで、中央銀行の行動が、今回の大不況が大恐慌に発展することを防止したと言えよう。

二つ目の問い（欧州は、再びジャン・モネの予言に従って、危機によって生じた機会を活用し、統合を一段と深化させたか）への解答には慎重にならざるを得ない。多くのことが達成されたし、現在の傾向が維持されるならユーロ圏は危機発生の時点よりより強力となって危機を脱するだろう。だが、そのためにはなお多くの課題が残っている。

達成された事柄のリストは確かに豊富であり、印象的だ。周辺国（peripheral countries）は、競争力を回復し、危機の原因となった経常収支と財政のインバランスを改善すると共に抜本的な構造改革に着手している。欧州安定機構（ＥＳＭ）のように一部の域内国に於ける特有のショックを共同化（mutualize）する機構を創設するといった点でも進展があった。経済のガバナンスについても、危機のなかで明らかになった安定成長協定の弱点を克服し、財政のガバ

that were used allowed a successful pursuit of the traditional objectives. The answer as regards inflation is somewhat easier than that regarding activity. By and large, price stability has been, so far, preserved, even when the danger was one of too low rather than too high price trends. For the first time since currencies have lost their link to gold, the resolve of central banks to fight symmetrically deflation as well as inflation was tested. And the test was, so far, successful. As regards activity and employment, the answer can only be given having in mind a counterfactual: what would have happened if central banks would not have done what they did? Any counterfactual analysis is fraught with difficulties, but the by far prevailing opinion is that the crisis that started in 2007 and turned for the worse after the failure of Lehman Brothers in the Autumn of 2008 had a destructive potential similar to that of the Great Depression of 1929-33. In a way, it was central bank, coupled with governmental, action that avoided that the Great Recession would morph in a new Great Depression.

An answer to the second question, i.e. whether Europe is, once more, acting in line with Monnet´s prophecy and exploiting the opportunities opened by the crisis to progress towards unity, must remain cautious: much has been done and, if the current trends will be sustained, the euro-area will exit from the crisis stronger than when it entered it, but much remains to be done.

The list of what has been done is indeed long and impressive.

ナンスを構造改革の進展によって補強するイノベーションによって強化されている。そして、危機が政府の背中を押す形で初めて、あまりに深刻で不可能とみられていた制度設計の誤り（すなわち、共通通貨圏における国別の銀行監督の問題）を修正したことも大いなる成果だった。

しかし、すでに述べたように、なおなすべきことは多い。周辺国の経済調整は、とりわけ構造政策において完全には程遠い状態にある。加えて構造改革は中核国にも必要だ。なかでもフランスは、果敢な政策を遂行する周辺国の追い上げと、すでに実行した改革の果実を享受するドイツの板挟みになる惧れがある。「調整疲れ」が、これまでの進展をストップさせ、さらには逆戻りさせるかもしれない。個別国が受けるショックに対する保護についていえば、ＥＳＭは不十分であり、欧州レベルでの、失業保険のような給付や、法人税のような歳入措置を導入することで強化させるべきである。さらに、すでに合意された経済ガバナンスにおけるイノベーションが実行され、そのポテンシャルを十分に発揮できるかは未知数だ。

欧州レベルでの銀行監督への移行については、この試みが過去に直面した困難を考えれば著しい進展があった。しかし、これも完全な銀行同盟の三つの要素の一つに過ぎない。欧州中央銀行は、ユーロ圏の全ての銀行の監督という困難な責任を与えられ、そのために必要な包括的、徹底的なバランスシートの精査を実行することでその新たな役割を引き受ける態勢にある。一方、避けられない銀行の破綻処理を、マクロ経済への波及を避けつつ、遂行するための単一銀

Peripheral countries have recovered competitiveness and reabsorbed the current account and budgetary imbalances that contributed to the crisis, while starting to take significant structural measures. Progress has been done in building mechanisms, like the European Stability Mechanism (ESM), that can mutualize idiosyncratic shocks hitting one or another member country. Economic governance has been reinforced with innovations aimed at surpassing the revealed weaknesses of the Growth and Stability Pact and complementing fiscal governance with the promotion of structural measures. Substantial progress has been made in surpassing a design failure that was as blatant as seemingly insurmountable until the crisis forced action onto governments: the maintenance of national bank supervision in a single monetary area.

As I said, however, much remains to be done. Economic adjustment in the periphery is far from complete, especially when it comes to structural measures able to revive growth. In addition, structural measures are needed also in core countries: France, in particular, risks being squeezed between a periphery taking courageous measures and Germany enjoying the fruits of the measures it took years ago. Adjustment fatigue could stop or even revert the progress achieved so far. The protection against idiosyncratic shocks provided by the ESM may turn out to be insufficient and it should be reinforced by bringing some cyclical expenses, like unemployment benefits, and revenue, like corporate

行破綻処理制度（ＳＲＭ）の議論は本稿執筆時点で最終段階にあるが、その実効性の判断は、破綻処理の現場を俟たざるを得ない。この間、単一預金保険機構については議論も開始されていない。

より長期的にみれば、ユーロ圏には、日本が過去一五年において経験したような、長い低成長に陥るリスクが存在する。欧州は人口動態の制約、労働参加率の低下、イノベーションの不足、物的資本、それ以上に人的資本の蓄積不足、期待できない生産性の見通しといった問題を抱えている。危機の差し迫った局面から脱した後、欧州は、長期的な成長という新たな課題に直面することになるだろう。

taxation, to European level. In addition it remains to be seen whether the innovations in economic governance that have been approved will be implemented to exploit their full potential. The progress in moving banking supervision to the European level is extraordinary looking at the difficulty this move met in the past, but is just one of the three component of a fully fledged banking union. While the European Central Bank has been given the difficult responsibility to supervise all banks in the euro area and is preparing to take up this new role by carrying out a thorough comprehensive balance sheet assessment, the establishment of a Single Resolution Mechanism for banks, capable of managing the inevitable bank failures without macroeconomic repercussions, is just being completed as this foreword is written, but its effectiveness will have to be tested in real world situations. Instead the discussions about establishing a single deposit guaranty scheme have not even started.

On a longer time horizon, the euro-area risks entering into a long period of anaemic growth, not dissimilar from that of Japan over the last 15 years. The demographics of Europe are unfavourable, participation rates are low, innovation is insufficient, the accumulation of physical and, most of all, human capital inadequate, productivity prospects dispiriting. As the acute phase of the crisis is surpassed, long-term growth is the new, difficult challenge Europe has to confront.

目次

目次

第1章 ユーロのニューパラダイム——生誕二〇年にむけて 吉國眞一 …… 43

ユーロの検証とゆくえ

——対談　吉國眞一・小川英治——

2013年7月30日、左から吉國眞一、小川英治、矢後和彦

【対談者略歴】

吉國眞一

一橋大学卒、ペンシルバニア大学修士、1973年日本銀行入行、国際通貨基金（IMF）理事代理（出向）、国際局次長、ロンドン駐在参事等を歴任、2001年国際決済銀行（BIS）入行、特別顧問、アジア太平洋総代表（香港事務所長）等を歴任、2006年新光証券（のちに合併でみずほ証券）シニア・アドバイザー、2013年よりみずほ証券リサーチ＆コンサルティング理事長、早稲田大学、政策研究大学院大学客員教授。主な編著書として、『国際金融ノート－BISの窓から』（麗澤大学出版会、2008年）ほか。

小川英治

一橋大学博士（商学）。一橋大学商学部卒業、同大学大学院商学研究科博士課程単位取得の上、退学。一橋大学商学部専任講師、助教授、ハーバード大学経済学部とUCバークレー校経済学部と国際通貨基金（IMF）調査局の客員研究員を経て、現在、一橋大学大学院商学研究科教授。主な編著書として、『グローバル・インバランスと国際通貨体制』（東洋経済新報社、2013年）、Who Will Provide the Next Financial Model? Asia's Financial Muscle and Europe's Financial Maturity（Springer、2013年）ほか。

ユーロの検証とゆくえ――対談　吉國眞一・小川英治

――編集部　本日は吉國眞一先生、小川英治先生にお越しいただき、ユーロの成立から現在までを対談で振り返っていただきます。吉國先生は日本銀行、ＩＭＦ（国際通貨基金）、ＢＩＳ（国際決済銀行）の要職を歴任され、実務のお立場からユーロを観てこられた国際金融界の大御所であり、小川先生はアカデミズムにあって論壇でも活躍され、国際金融論を牽引してこられた斯界の第一人者です。本日の対談は、お二人に実務と理論それぞれのお立場から、時系列を追いながら論点を出していただく形でお話しをうかがいます。司会および進行は、矢後和彦・早稲田大学教授に務めていただきます（以下、人物敬称略）。

1　ユーロ成立の印象――同時代人として

――**矢後**　最初にユーロの成立からうかがいます。本書所収のボシュア論文、廣田論文にもあるように、ユーロの成立は欧州の通貨統合史の長い積み重ねの帰結でもあるわけですが、ユーロの成立前後に、それぞれの先生がユーロについてお持ちになった印象からうかがいます。

吉國　私は一九九八年の三月から日本銀行ロンドン駐在参事に任ぜられていました。ユーロの成立を現場で、それもイギリスというユーロに加盟しない国から目撃するという立場にいたわけです。当時のイギリスではユーロ懐疑論が強く、ましてや欧州外の諸国ではユーロへの不安・不信が支配的でした。ところが私が日本銀行駐在参事としてユーロ圏の中央銀行関係者に会いますと（私は当初のユーロ加盟国一一ヶ国すべての中央銀行を回りましたが）、ユーロへの確信と申しますか、ユーロは絶対に成功させなくてはならないという確固たる政治的な意思を感じました。もう一つ特徴的であったのは、ユーロのプロジェクトはすぐれてトップレベル主導であったことですね。アデナウアー西ドイツ首相とドゴール・フランス大統領から始まり、シュミット首相とジスカールデスタン大統領が引き継ぎ、コール首相とミッテラン大統領につながっていく大統領・首相レベルの強力な政治的意思が一方にありました。他方でBISを舞台とした、気の遠くなるような実務の積み重ねがありました。「神は細部に宿る」という時のまさに「細部」ですね。これは、BISが一九三〇年代から継承してきた中央銀行間協力の伝統に立ったものです。もともとBISは欧州の中央銀行の影響が強く、ユーロの成立に際しても、このBISが大きな役割を果たしたわけです。大統領・首相レベルの巨大な政治的意思とBISにおける具体的な実践――この二つがユーロ成立の重要な契機であったといえましょう。

小川　そもそもの欧州統合はＥＣＳＣ（欧州石炭鉄鋼共同体）から始まり、時間をかけて統合が進められてきました。その行き着く先は、バラッサの『経済統合の理論』が示すとおり、金融政策のみならず、財政政策についても、政策を調和・統一させて、「完全な経済統合」にいたることです。それをどうやって実現していくのか、当時から注目していました。ご存知のとおり、バラッサの『経済統合の理論』では「自由貿易協定」が第一段階、「関税同盟」が第二段階、というように経済統合が進化していくとされ、以下「共同市場」「経済同盟」「完全なる経済統合」というように第五段階まで想定されています。ユーロの成立はこの第五段階、すなわち「完全なる経済統合」における一部の政策の統合を含む「経済通貨同盟（ＥＭＵ）」の段階です。過去の戦争を繰り返さないために経済統合を完結するべきである、という理念に裏打ちされた統合への政治的意思ももちろん強く感ぜられました。

ここで欧州経済統合の理念を知るうえで、バラッサの『経済統合の理論』から一部をご紹介しておきます。

自由貿易地域では、加盟国の関税（ならびに量的貿易制限）を撤廃するが、関係各国は、非加盟国にたいする関税は従来どおりにする。関税同盟が結成された場合には、関税同盟における商品移動にかんする差別待遇が排除されるほか、非加盟国との貿易に対し、同盟国は関税の均一化政策をとる。経済のより高度の形態は、共同市場であるが、その場合は、たんに貿易制限が撤廃されるだけでなく、生産要素の移動に対する制限も撤廃される。経済同盟は、共同市場と違って、商品移動及び生産要素の移動に対する制限を撤廃すると同時に、各国の経済政策の調整もある程度実現しようとするものである。・・・（中略）・・・最後に、全面的な経済統合にあっては、金融政策、財政政策、それに景気対策の統一化を前提とするとともに、超国家的機関を設定することが必要となってくる。その場合、この超国家的機関の決定は、加盟各国を拘束することになるのである。

（ベラ・バラッサ著／中島正信訳『経済統合の理論』ダイヤモンド社、一九六三年、四―五ページより）

ところで、私は、ユーロ成立に先立つ一九九二―九三年に為替相場メカニズム（ＥＲＭ）危機が発生したことが契機となって、ＥＲＭ危機について研究しました。ＥＲＭ危機では、ユーロ導入に向けてユーロ導入候補国間の金利収斂のプロセスのなかで投機家が投機攻撃を行いました。英ポンドやイタリア・リラが投機攻撃の対象となりました。あの時、欧州通貨制度（ＥＭＳ）の下で、当初の許容為替変動幅二・二五％を広げて一五％に拡大した際に、ＥＭＳ及びいずれ訪れるユーロ導入が、本当に大丈夫か、という懸念が沸き起こりました。しかし、この懸念をよそに、結局はユーロ導入にいたる経済通貨同盟の第一段階・第二段階・第三段階、と順調に段階を踏んで、ユーロ導入にこぎつけたことは大きな驚きでした。ＥＲＭ危機後、ユーロ導入前におきましては、ユーロ導入に懐疑的な研究者はユーロに対して否定的な見解を披露していたことは事実で、ユーロ導入にシンパシーを持つ自分としては、その見解に対しても違和感を覚えていました。

先ほど吉國先生も触れられたように、各国はユーロに入る前にインフレ率等を収斂させていったわけですが、ここで注意すべきなのは、ユーロ成立の以前には各国はまがりなりにも自前の金融政策を行うことができたこと、少なくともインフレを抑えるという時に、その抑え方に独立性をもって金融政策によって対処することができたということです。ところがユーロが導入されてしまうと、金融政策の独立性は失われてしまいます。ユーロが導入されると、ＥＣＢによる共通の金融政策の下で、インフレ率が低い国と高い国で再び開いてきます。いわばユーロ導入に向けた意図した政策の収斂と、ユーロ成立後に意図せざる政策効果の乖離という逆説的な事態が生じたわけです。これはのちのユーロ危機をみる際にも参照されるべき論点です。

吉國　欧州の危機についてはＥＣＳＣの初代委員長を務め「欧州の父」とも称されたモネが面白い言葉を残していますね。「ヨーロッパは危機のなかで鍛えられ、危機に対する解決策の積み重ねとして構築されていく」と言うのです。いまのユーロ危機にも通ずる先見の明ある至言といってよいでしょう。

2 ユーロ成立期の論争――最適通貨圏論と構造改革

――矢後　ユーロの成立前後には理論面でもさまざまな論争がありましたが、当時のユーロをめぐる理論・論壇の状況はいかがでしたでしょうか。

小川　通貨統合あるいは通貨同盟の理論的考察〔De Grauwe（2012）〕のなかでは、やはり最適通貨圏の理論が重要でしょう。最適通貨圏の理論とは、通貨同盟に参加して、共通通貨を利用することが適している地域を説明するための理論です。最初は、通貨同盟というよりもむしろ固定為替相場制度を維持することができる地域という意味で、一九六〇年代にマンデルらによって議論されていました。各国通貨を統合して共通通貨を導入するということは、各国で流通している通貨間の為替相場が恒久的に一つに固定されることを意味します。そのため、もし各国間で非対称的なショックが発生したとすれば、もはや為替相場を利用して各国経済間の不均衡を調整することはできません。この調整が別の形で可能であることが最適通貨圏の一つの基準となります。マンデル〔Mundell（1961）〕は労働の移動性に注目しました。一方、マキノン〔McKinnon（1963）〕は貿易面における経済の開放度に注目しました。

一九六〇年代のマンデルらを嚆矢として、当初は、理論として論じていたのですが、そのうちユーロ導入が近づくにつれて、最適通貨圏を構成する諸国について、実証分析が行われるようになりました。構造VARという計量経済学の手法も発展してきて、バユミとアイケングリーン〔Bayoumi and Eichengreen（1993）〕などによって、供給ショックの対称性・非対称性に注目した実証分析が行われてきました。構造VARとは、物価水準やマネーサプライのような名目変数と実質GDPのような実質変数などの経済変数の間の関係を動学的に分析するもので、多変量自己回帰モデルの発展した手法です。その後のユーロを実証的に分析するためのツールは早くから出そろっていたともいえるでしょう。

実は当時の学界ではユーロ圏は最適通貨圏ではない、という議論のほうが有力であったのです。これは現在もそうかもしれません。その意味では理論的な推論とは別に、ユーロの成立にはやはり政治的な力が大きく寄与したといえましょう。ベネルクス三国のようなユーロのコア・メンバーは最適通貨圏としてショックにも対応できるという見方、あるいはユーロ全体よりもアジアの特定諸国間のほうが最適通貨圏になっているという実証分析〔Bayoumi, Eichengreen and Mauro（2000）〕の結果も出ています。

吉國　理論・論壇の状況に関連して、当時ユーロに向かおうとするヨーロッパで「構造改革」に対する非常にポジティブな動きがあったというのも印象的でした。例えばスペイン、ポルトガル、アイルランドといった「周辺国」においても一九九八年時点では経済がかなりよくなっています。インフレ率は下がり、財政赤字も減りました。これはまさにユーロに加盟するための改革であったわけです。これら諸国の中央銀行当局者に会うと、異口同音に「ユーロに入ることが一つのモメンタムになって、経済政策に対する考え方もずいぶん変わってきた」「世論も後押ししてくれる」と述べていたことを憶えています。こうした構造改革は九〇年代からの動きでしょう。すなわちマクロの経済政策がきちんとしてきた、それが構造改革のプラットフォームになるはずであった、という関連です。ところがユーロがうまく始動したことによって構造改革はしなくても済む、ということになってしまいました。これがギリシャの危機などにつながる端緒であったともいえるでしょう。

当時から私は冗談めかして「ユーロは構造改革養成ギプスだ」と申し上げてきました（笑）。つまり、財政と金融を完全に拘束してしまうから、構造改革をやらないと成長できません。それが転じて、本当のギプスになってしまったというのが、現在にいたる流れの一面でしょう。

③　ユーロとＥＣＢ――ヨーロッパとドイツ

――**矢後**　ユーロの導入に際しては、ＥＣＢ（欧州中央銀行）の創設も新しい事件でした。欧州中央銀行についてはどのような論点があったでしょうか。

小川　私の印象は、ＥＣＢはブンデスバンクを引き継いだものであるということです。ドイツが入らなければ、ユーロ導入の実現はありえないからです。その結果、ブンデスバンク流のディスインフレ重視の政策、いわばソフトなインフレーション・ターゲッティングをユーロ圏は導入することになりました。これはＦＲＢ（アメリカ連邦準備制度理事会）や日本銀行よりも早い段階におけるインフレーション・ターゲッティング的な政策であったわけです。そのおかげで、マーストリヒト条約の収斂基準を満たした国だけがユーロに入ることになっていたものが、実際に収斂に成功することになったと思われます。

吉國　久保広正・神戸大学教授が述べられたように「（政治的に）ドイツをヨーロッパ化するために、（金融政策において）ヨーロッパをドイツ化した」のです。ＥＣＢが成立した時に、私も現地で各国中央銀行の代表やＥＣＢチーフ・エコノミストであったイッシングなどに会いましたが、彼らが強く言っていたのは「われわれは絶対に各国の利益代表であってはならない」「ＥＣＢに入ったらＥＣＢの人間になる」ということでした。もっとも、彼らも国に帰れば国家の代表とみなされる。その二律背反に苦労しているな、という感じは受けましたね。

当時のことで興味深かったのは、たしかポルトガルの中央銀行総裁であったと思いますが、私が「ＥＣＢができるとみなさんは金融政策の自立性を失ってしまうが、それでよいか」と訊いたところ、「我々の金融政策など誰もみていなかったではないか」と言い返されました（笑）。その彼が続けて胸を張って言うには「いまや我々は何億人という人口を有する、アメリカにも匹敵するユーロ圏の金融政策に関われる」と言うのです。考えてみると、ユーロ圏の諸国はほとんどが世界史の中心であった経験を有していますね。ドイツ、フランスは言うに及ばず、スペイン、ポルトガルもそうですし、さかのぼればイタリア、ギリシャも文明の中心でした。こうした悠久の時を振り返ると、ユーロ・ＥＣＢの成立で国民通貨を失う寂寥感とともに、いま一度文明の中心に立つという高揚感のようなものがありましたね。

ＥＣＢの創設との関連で付け加えておきたいのはＩＭＦやＢＩＳの視点です。私は一九八七―九〇年にＩＭＦにいましたが、当時のＩＭＦは欧州の通貨統合にはあまり関心を払っていませんでした。研究の対象ではありましたが、現実感はありませんでした。それが、ユーロが本当に導入されてくるとＩＭＦのアンビヴァレンスが表出してきたのです。ＩＭＦとしてはリージョナルな枠組みができると影響力が弱まります。現実にユーロがうまくいっている時期にはＩＭＦは個別国への影響力をほとんど失いました。それがユーロ危機になって改めて、ＩＭＦの存在意義が確認されました。ＢＩＳも同様です。ＢＩＳはむしろユーロの黒衣でした。ところがユーロができてしまうと、欧州の中央銀行がＢＩＳに集まるという存在理由がこれも薄れてしまいます。そこでＢＩＳも香港に事務所を作ったり、加盟国を増やしたりしたのでしょう。そもそもユーロが発足するまで、ＢＩＳの加盟国は欧州とアメリカ、カナダ、日本くらいで、圧倒的にヨーロッパ優位でした。それがユーロ発足とともに欧州外諸国が入らないとやっていけないということになりました。これら国際機関がユーロ成立、ＥＣＢ発足と同時に組織の改革やみずからの影響力を維持することに腐心し始めたことは、おさえておいてよいでしょう。

4　ユーロ始動期のユーロ安

――**矢後**　次にユーロが始動した時期についてうかがいます。お手元にユーロの対ドル・対円・対ポンドの為替レートを示した図1がございますが、ここにもあるように発足当初のユーロは二〇〇一年まで全面安で推移しています。この時に底を打ったレートはユーロ

図１　ユーロの対ドル、ポンド、円レート（1999 年 1 月―2012 年 12 月、騰落率％）

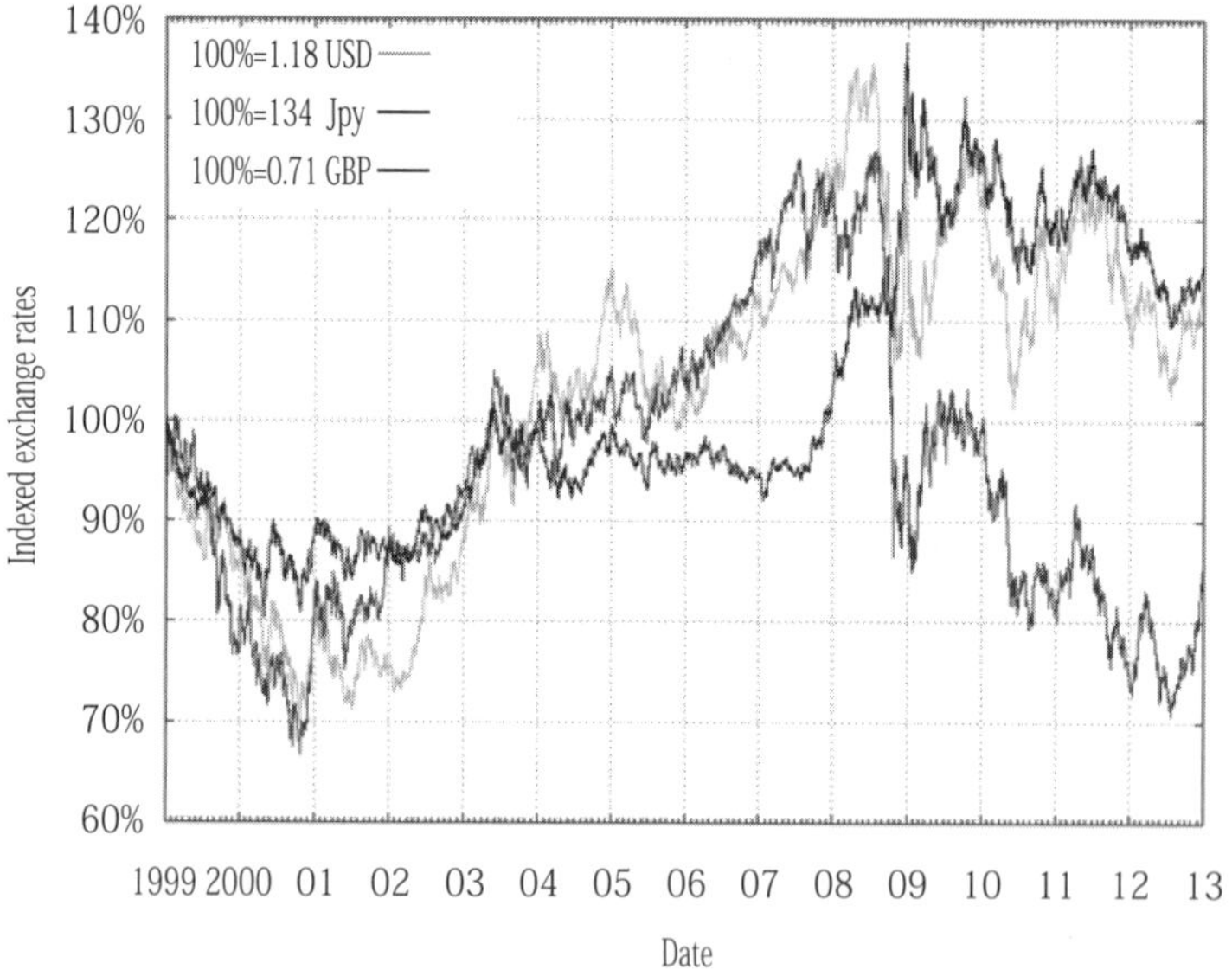

出所：wikipedia.commons より作成。

危機後の現在もなお更新されていません。発足当初のレートに戻るのは二〇〇四年、ほぼ五年を要しているわけですが、この時期のユーロへの信認・不信をどのようにご覧になったでしょうか。

小川　一九九九年から二〇〇一年まで、ユーロは全面安になっていますが、この頃はアメリカでＩＴブームさらにはＩＴバブルが発生していました。アメリカに世界の資金が流入していた時代であり、ユーロが安くなるのは、ファンダメンタルにおいて当然であったのです。グローバルな資金移動からいえば当然のなりゆきであり、当時よく叫ばれたユーロ悲観論が唱えたこととは区別すべき文脈です。私はむしろ、二〇〇一年以降、リーマン・ショックが発生する二〇〇八年まで一本調子でユーロが増価していったことのほうが問題だと思っていました。このようなユーロの全面高のなかで、一部のユーロ圏の国においては、とりわけリスボン戦略の生産性向上を達成できなかった国においては、交易条件の悪化を通じて輸出不振につながったわけです。

吉國　同感ですね。アメリカとの成長率格差はやはりありました。もう一つみておくべきなのは、ユーロは導入時にやや過大評価されていたきらいがあるということです。ユーロの銀行券が広く流通するようになるまで様子をみる、という市場の反応もあったでしょう。ただ、結果的に申しますと、導入当初にユーロが安かったということは、ユーロ圏のいわゆる「弱い国」にとってはプラスに作用した、ということです。それが今度は「ユーロフォリア」につながってしまったのが問題です。

ユーロ始動期について触れておかなければならないのは、ドイツとフランスが二〇〇二年に安定成長協定を破ってしまったという事態です。安定成長協定とは、ユーロ加盟の条件として、例えば財政赤字がＧＤＰの三％、公的債務残高が同六〇％といったいくつかの基準を定めた協

（1995 − 2011 年、%）

2002	2003	2004	2005	2006	2007	2008	2009	2010	2011
66.50	65.80	66.00	66.40	65.70	64.10	64.10	62.10	61.80	62.10
24.20	25.30	24.90	24.30	25.20	26.30	26.40	27.60	26.00	25.00
2.90	2.60	3.20	3.60	4.20	4.70	4.00	4.30	3.90	3.90
4.50	4.10	3.80	3.70	3.20	2.90	3.10	2.90	3.70	3.70
0.40	0.20	0.20	0.10	0.20	0.20	0.10	0.10	0.10	0.10
1.40	1.90	1.90	1.90	1.50	1.80	2.20	3.10	4.40	5.10

Foreign Exchange Reserves より作成。

定であり、ユーロ発足後も基準未達の場合、ペナルティが課せられるはずでした。ところが、ドイツとフランスが三％条項に違反したのに不問に付されました。ここでユーロのモメンタムがやや狂ってしまったのではないでしょうか。「ドイツでさえ協定を破ったではないか」「しかもそのペナルティもあいまいにされた」ということになります。ちょうどその頃に、ギリシャがユーロに加盟したわけで、この時期は意外に大きな論点を含んでいたと思います。

5 準備通貨ユーロ
——慣性（inertia）に抗して

——**矢後**　他方で準備通貨としてのユーロをみると、お手元の表1にございますように

表1　外貨準備に占める主要通貨の比率

年	1995	1996	1997	1998	1999	2000	2001
米ドル	59.00	62.10	65.20	69.30	71.00	70.50	70.70
ユーロ					17.90	18.80	19.80
ドイツ・マルク	15.80	14.70	14.50	13.80			
フランス・フラン	2.40	1.80	1.40	1.60			
英ポンド	2.10	2.70	2.60	2.70	2.90	2.80	2.70
日本円	6.80	6.70	5.80	6.20	6.40	6.30	5.20
スイス・フラン	0.30	0.20	0.40	0.30	0.20	0.30	0.30
その他	13.60	11.70	10.20	6.10	1.60	1.40	1.20

出所：IMF Economic Outlook; IMF Currency Composition of Official

二〇〇二年から二五％前後を維持して現在にいたっています。為替レートやユーロ危機から受ける印象とはまた違ったユーロの地位がうかがえるようですが、この点はいかがでしょうか。

吉國　私の印象では想定どおり、という感じですね。ユーロのウェイトは高くなるだろう、しかしドルの覇権、準備通貨としての慣性（inertia）を崩すようなことは簡単にはできない、ということです。言うまでもなく、ここでいう慣性とは、ニュートンが定式化した慣性の法則を国際通貨の選択に応用した議論ですね。「状態を変えようとする力」が働かない限り基軸通貨ドルは選択されつづける、というわけです。予想外であったのはむしろ円の地位がどんどん下がってしまったことですね。ポンドと逆転していますよね。

小川　私も慣性が働くとみていましたので、当初のウェイトの約一八%が続くであろうとみていましたが、このようにウェイトを増やしたことには率直にいって驚きました。これは中国などアジアの外貨準備保有国がドルだけではリスクがあるので、ユーロを増やすという、ポートフォリオのリバランスを実施した効果です。とはいえ貿易決済通貨でみると、やはりドルの慣性は変わらない、依然としてドルが基軸通貨である、ということは変わらないと思われます。基軸通貨としてのドルについていえば、リーマン・ショックの際にユーロ圏諸国の金融機関がドルの流動性を調達することができなかったことに、その地位が象徴的に現れています。このことは、国際金融取引における通貨は依然としてドルである、という現実をまざまざと示した出来事でした。

吉國　そうですね。いまのお話との関連でいえば、私が面会したニューヨーク連邦準備銀行の当局者が「リーマン・ショックの際のスワップ協定を通じてニューヨーク連銀がいかに儲けたか」ということを滔々と語っていたことを思い出します（笑）。アメリカ発の金融危機で、それで世界にドルを貸してやって、それでアメリカはちゃんと稼いでいるんだ、というわけです。基軸通貨ドルはなかなか揺らがない、ということです。

――**矢後**　ユーロの導入はまた、通貨の交換や決済システムの構築など、金融システム論としても興味深い実験でしたが、この点はいかがでしょうか。

吉國　私は二〇〇二年にフランス銀行のストラスブール支店に赴いてユーロ流通の準備状況を視察しましたが、やはり非常に周到にやっていましたね。

小川　私も二〇〇二年初めに独仏に出張しました。その際、手持ちの旧マルク・旧フラン銀行券を街角の銀行で交換に出してみたのですが、ドイツの銀行は整然と交換していたのに、フランスの銀行は一回の交換の金額に対して、制限を設けていたりして、ちょっと面倒でしたが(笑)。

6　ユーロ始動とアジア――その影響

――**矢後**　ところで、このユーロ始動期はアジアではチェンマイ・イニシアチブの発足、

ＥＭＥＡＰ（東アジア・オセアニア中央銀行役員会議）のアジア・ボンド・ファンドの起債といった、いわばアジア通貨統合の機運が盛り上がった時期と重なりますが、ユーロとアジア、という視点からは当該期はどのように総括されるでしょうか。

吉國　私はヨーロッパに赴任する直前に日本銀行の国際局におりまして、その際にアジア通貨危機に遭遇しました。またヨーロッパを離れてからはＢＩＳの香港事務所長を拝命しました。アジア通貨危機を振り返って思うのは、当時ＡＭＦ（アジア通貨基金）を作ろうという構想を榊原英資氏（当時財務省財務官）や黒田東彦氏（当時財務省国際金融局長・現日本銀行総裁）が出されたのですが、アメリカとＩＭＦに反対されて実現しませんでした。アメリカ、ＩＭＦからみれば、アジアはcrony capitalism（仲間内の資本主義）であり、仲間内での助け合いで、本来必要な構造改革などがおろそかになるというわけです。そこで妥協の産物としてできたのがマニラ・フレームワークであり、ＡＳＥＡＮ＋３のチェンマイ・イニシアチブでした。マニラ・フレームワークとは、ＡＭＦ構想とは異なる仕方で、アドホックに問題国に資金援助を行う枠組みであり、一九九七年にＡＳＥＡＮ諸国をはじめ一四ヶ国で合意されました。チェンマイ・イニシアチブはご存じのとおり二〇〇〇年五月の第二回ＡＳＥＡＮ＋３財務大臣会合会議で合意された二国間通貨スワップ取極のネットワークです。

ところが、今般のユーロ危機に際してEFSF（欧州金融安定ファシリティ）やESM（欧州安定メカニズム）などのフレームワークができることについてはアメリカもIMFも強く支持しています。これはダブルスタンダードではないか、という思いはまだありますね（笑）。ただ最近は、ASEAN＋3もマルチ化しましたね。AMRO（ASEAN＋3マクロ経済リサーチオフィス）のようなものもできて、徐々にアジア版IMFのようなものに近づいているとみることもできます。アジアの金融協力はかなり進んできたといえます。

ただ、アジアとヨーロッパで大きく違うのは、ESMのようなフレームワークは自国通貨ユーロで、しかもユーロ建ての債券を発行してやっているのに対して、アジアではそうではないという点です。ユーロ圏のフレームワークは、アメリカが世界に対して行使しているのと同じある種の基軸通貨特権を享受しています。これに対してチェンマイ・イニシアチブは、各国の外貨準備を使用し、ドルでやっています。最近では自国通貨建てのスワップも出てきていますが、この点では共通通貨を持つユーロ圏とは異なったアプローチになるということでしょう。

小川　AMF設立の失敗については、アメリカ、IMFの反対と同時に中国が中立的であったということも大きいですね。それが二〇〇〇年のチェンマイ・イニシアチブの時になると、中国は東アジアにおける地域通貨協力に対して積極的になりました。一九九七年から二〇〇〇年のあいだに何が起きたのか、その重要な要因の一つが、一九九九年のユーロの成立だと思います。ユーロの成立をみて、地域通貨協力の重要性を中国が学習したのではないでしょうか。その意味ではユーロの成立がアジアの地域通貨協力に間接的ながら影響を及ぼしていると思われます。ここは重要なポイントですね。

私自身もASEAN+3財務大臣会合のリサーチ・グループのメンバーでした。ASEAN+3財務大臣会合のリサーチ・グループの発足当初は、通貨統合の例としてのユーロに関する研究も盛んで、ユーロのような通貨統合がアジアで可能かどうか、というテーマを議論していました。そのうちに先ほどのAMROにおけるような実務的なサーベイランスの議論が中心になりますが、ユーロの成立はアジアにおける地域通貨協力の議論に対して影響を及ぼしていました。

7 危機の前提――グローバル・インバランス

――**矢後** では、いよいよユーロ危機の時期についてです。二〇〇八年のリーマン・ショックの当初はユーロそのものの危機は認識されずに、しばらくしてからソブリン危機としてのユーロ危機が発生したと思われますが、リーマン・ショックからユーロ危機までの受け止め方を当時のご印象を含めてうかがいます。

吉國　リーマン・ショックの前にサブプライム危機がありました。サブプライム危機の端緒を作ったのはヨーロッパの銀行ですね。二〇〇七年八月にBNPパリバ傘下のヘッジファンドが証券化されたサブプライム・ローンを基に組成したファンドの払戻しを停止しました。アメリカの局地的な現象であったサブプライムがヨーロッパを介して世界的な金融危機に展開していった過程は、本書所収のレモロナ論文でも解明されています。ところがリーマン・ショックになると、危機の舞台はアメリカに移り、他方でヨーロッパでは「ユーロがあったおかげで通貨危機を回避した」という論調すらありました。

小川　私が拙編著書〔小川（2013）〕でも指摘しておりますように、サブプライム危機、リーマン・ショックが世界金融危機に発展した、そもそもの背景であるグローバル・インバランスに注目すべきでしょう。サブプライム・ローンは、アメリカの低所得者向けの住宅ローンですが、アメリカにはそれに見合う貯蓄がない、それをどこから持ってくるかということになると、一つはアジア、もう一つは石油輸出国です。アジアでは日本はリスクを取る投資はせずに、豊富なドルでアメリカ国債を買っていました。韓国・中国は、外貨準備の目的で流動性の高いドル資産を保有していました。いずれもサブプライム・ローンの買い手にはなりません。そこで石油輸出国に対して、アメリカが直接入るのではなく、ヨーロッパを介して証券化商品を売りにいくことになったのです。ですからサブプライム・ローンが焦げついた時に、ヨーロッパの金融機関を経由して損失が伝播していくわけですね。

では次に何が起ったかというと、資本注入、それも金融機関だけでなくてアメリカの保険会社や自動車会社まで資本注入して、救済を図ることになりました。ヨーロッパでも、例えばギリシャでは銀行への資本注入のために財政支出が膨張し、GDPに対して財政支出が二―三％増加するというような事態に陥りました。

二〇〇八年の冬にBRICsを含むG20が開催されました。ドイツは反対しましたが、財政刺激の国際協調が決議されました。あれがなぜG7やG8ではなく、中国なども入れたG20であったかといえば、世界金融危機によってG7／G8諸国（日本を除く）はまさに「全滅」であったわけですね。そこで中国などに支援の協力を仰いだわけです。ここからの流れがその後の財政赤字拡大の基本線をなすわけです。ギリシャの政権交代と財政危機、というこのあとの展開は周知のとおりです。

8 ユーロ危機のプロセス

――**矢後**　「ユーロ危機」といわれる事態はいくつかの要因に分解できるように思われます。理論的に整理していただくと、どうなるでしょうか。

小川　そもそもこれは「ユーロ危機」ではなく、「ユーロ圏の一部諸国の財政危機」とみるべきだと思います。ではなぜ、例えばギリシャがあれほどの財政危機にいたるほどの国債を発行できたのかといえば、それはギリシャ国債がユーロ建てであったからです。旧通貨のギリシャ・ドラクマ建てであれば、ギリシャ国債の買い手はあまりいなかったでしょう。その意味において、ユーロはギリシャの財政危機に関係するわけです。他方で、安定成長協定による財政規律の確保は目指されてはいたのですが機能しなかったのです。

吉國　図2に欧州諸国の金利が示されていますが、ユーロ成立前のギリシャの金利は二〇%を超えた投機的水準ですね。これに対してドイツは低いです。それがユーロ導入後には収斂していき、二〇〇八年頃にはドイツもギリシャもほぼ同じになってしまいました。そうなると、

図2　ユーロ圏諸国長期国債利回り（1992年―2012、年平均、%）

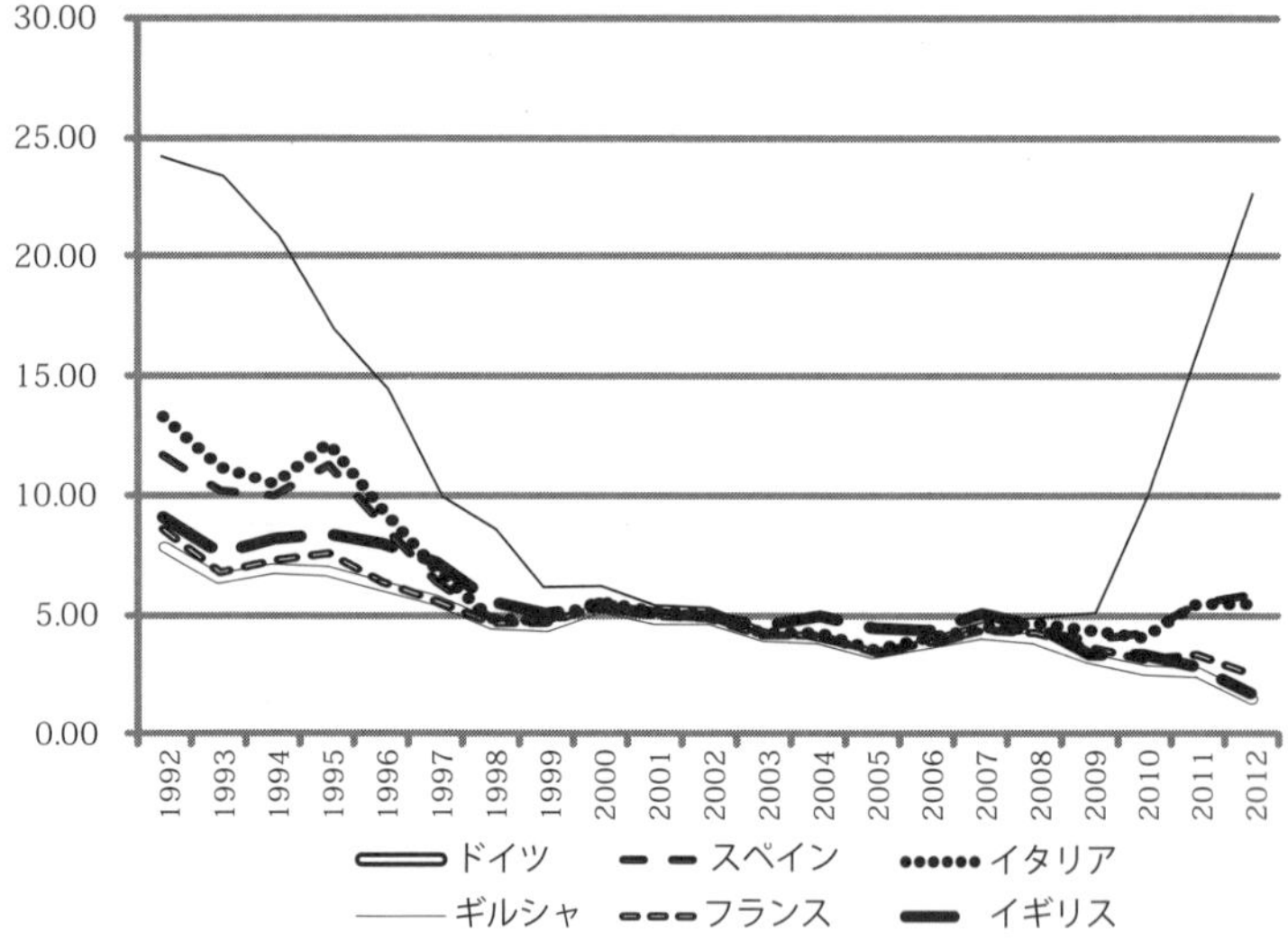

出所：Eurostatより作成。

ギリシャとしてはいくらでも赤字を出せるわけですね。しかも先ほど述べたように、ドイツとフランスは、小幅とはいえ安定成長協定に違反した実績がありましたので、ギリシャの放漫な公務員年金制度等に対しても強く牽制できる状態ではなかったのです。

「ユーロ危機」の最初の兆候はリーマン・ショック後の米ドル流動性危機として現れていました。この時にFRBがスワップを発動してドルの流動性を供給したわけです。本書にも寄稿している「ユーロ一〇年」セミナーでのパパディアの表現を借りれば、「気管切開

図３　TB-LIBOR 利回り較差

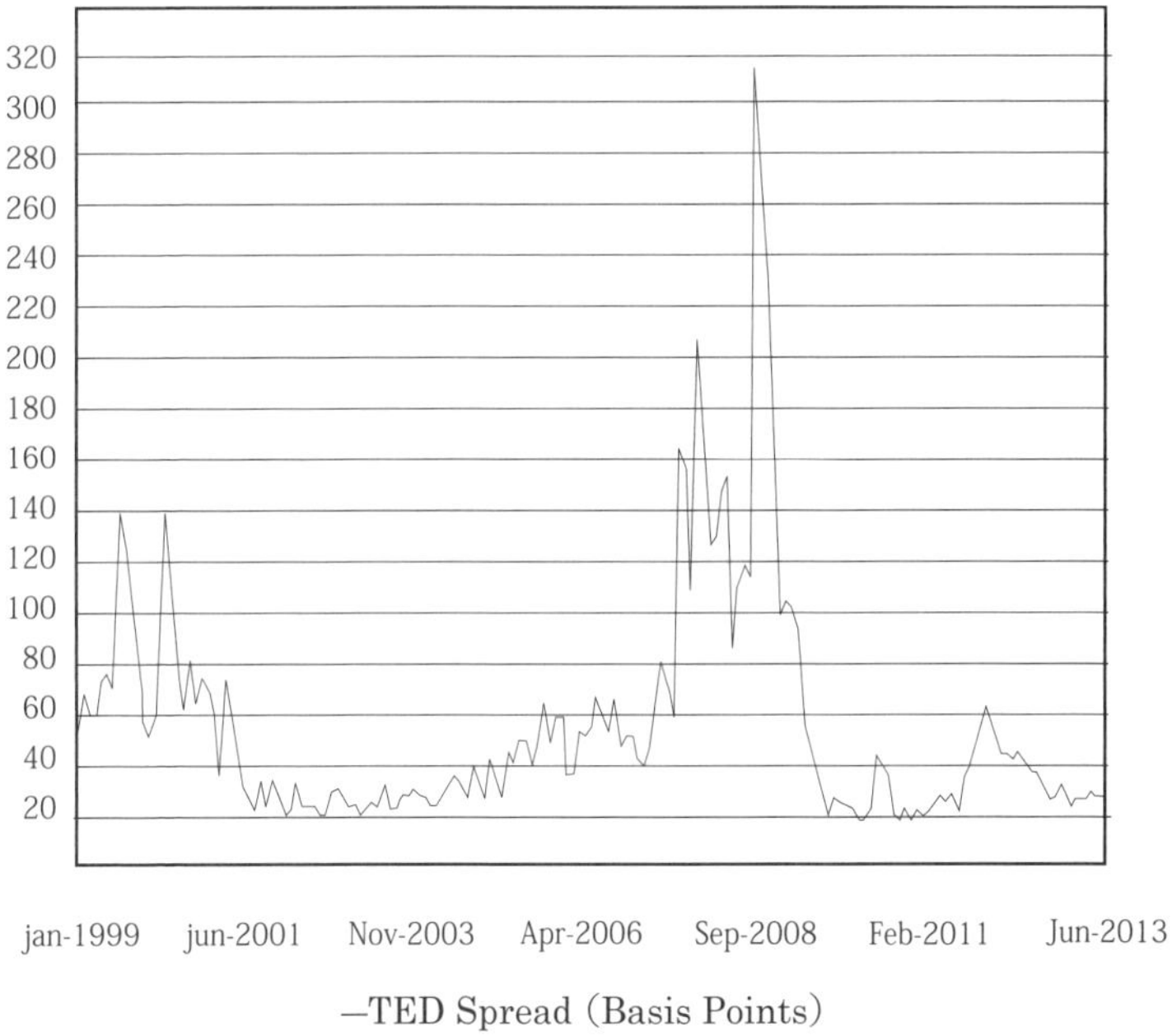

出所：Macrotrends.net より作成（http://www.macrotrends.net/1447/ted-spread-historical-chart)。

手術」のような緊急の取り組みでした。その後にソルベンシー危機、財政危機、銀行危機が絡み合った事態に進展していくわけですが、ドルの流動性問題に限れば、この時にいったん危機は克服されたかのようなセンチメントが生じたことも事実でした。

小川　ただし、世界金融危機が深刻化してくると、ＦＲＢとＥＣ

Bなどのいくつかの中央銀行との間で通貨スワップ協定が締結され、FRBがECBに通貨スワップ協定によってドルを融資し、ECBが欧州の金融機関に対して担保さえあれば無限にドルを貸す、という形でドルの流動性は供給されました。その時の状況が図3に現れています。これはTB（アメリカ財務省証券）とLIBOR（ロンドン銀行間貸出金利）の利回り格差（信用スプレッド）を示したもので、信用リスクを表す指標ですが、これをみると、二〇〇七年夏頃からLIBORの信用リスクが二％台に高まります。そして、二〇〇八年九月のリーマン・ショックの際にスプレッドが跳ね上がります。そして、FRBからの通貨スワップ協定によるドルの流動性供給を受けて、急速にLIBORの信用リスクがもとに戻ります。

そもそもどうして流動性危機になるかといえば、サブプライム・ローンの証券化商品及びその証券化商品を担保とした証券化商品を保有する金融機関は、お互いに、サブプライム・ローンの焦げ付きからどれほどバランス・シートが毀損したかを正確に把握できないために、いわゆるカウンターパーティ・リスク、すなわちお互いが疑心暗鬼になって貸すことに躊躇する、というリスク回避行動があるからです。そこでFRB及びECBは、ドルの流動性を供給していたのですが、これがカウンターパーティ・リスクを解消したかといえばそうではなかったのです。単に流動性を供給しているだけであり、バランス・シートを根本的に改善しなければならない、という課題が残りました。

これはヨーロッパで仄聞した話ですが、流動性の供給のあとで、たしかにリスクの指標は下がりましたが、資金の出し手は誰であったかといえばＥＣＢのみでした。民間の金融機関は貸そうとしないので、ＥＣＢがそれを完全に肩代わりしていました。金利差は縮まっているのに市場は機能していなかったわけです。金利差だけではみえてこない金融市場の機能の問題がここには現れています。これは本書所収のパパディア論文も触れている重要な論点ですね。

ギリシャで政権交代が起こった後、二〇〇九年冬からギリシャ国債の利回りが急上昇しますが、それ以前はドイツとあまり変わらない水準でした。市場は、ギリシャ国債は直前まで大丈夫だと思っていました。政権交代の後に粉飾が明らかになり、それが市場の信認を失う直接の契機となったことは事実ですね。ただ、あの粉飾が暴露されなければ、そのままいったのかといえば……。

吉國　もっとひどくなってから事態が明らかになったかもしれませんね（笑）。ギリシャの問題は日本と同じで、情報を小出しに出して事態がさらに悪化していくというものでした。まさしくギリシャ神話の山の上に石を運び上げる作業を永遠に続けるシジフォスになぞらえていわれもしますが、小出しのヘア・カット（債務削減）をやって、さらに追い込まれていく。日本の経験でさんざん懲りたはずなのですが、危機対応のまずさがもたらした典型的なケースでした。この局面でＩＭＦ、ＥＣＢ、ＥＵのトロイカ体制ができて、ギリシャについての責任のなすりつけあいが始まるわけです。ヨーロッパがみずからの問題を解決できなかったという事態のなかでＩＭＦが出てきた意義は大きいですね。

小川　私は先般ＩＭＦに出向いて、ブランシャール調査局長らと会いました。かれらＩＭＦのスタッフは、ユーロの問題はヨーロッパで対応してもらわなければ困る、というスタンスでした。ただ、ＩＭＦはコンディショナリティを課す際に、いわば「外圧」として担ぎ出されている側面はありますね。

吉國　他方で、しかしＩＭＦ自体がこうした危機対応を要請されてくることはみずからの存在意義を再確認することにもつながるわけで、先ほど申し上げたように、ヨーロッパにはかかわらないという側面と、かかわっていきたいという側面のアンビヴァレンスが出てきていますね。

小川　ユーロの危機は域内生産性の格差の問題でもあります。ドイツの高い生産性とギリシャの低い生産性が同一通貨圏にあります。二〇〇〇年三月のリスボン欧州理事会で打ち出されたリスボン戦略は、二〇二〇年までの新たな戦略として「欧州二〇二〇」として二〇一〇年に改訂されたものの、ほとんどその成果をあげてこなかったわけです。供給サイドの構造的格差が背景にあるわけです。

吉國　ドイツの生産性は所与のものではなく、構造改革のたまものでしょう。雇用法制の弾力化を通じて単位あたり労働コストが低減されました。移民労働力も活用されています。供給サイドの問題はこれからも議論されていくでしょうね。

9　ユーロの現状と将来――危機は克服されたか

――**矢後**　最後にユーロの今後についてうかがいます。まず現時点でユーロの危機は克服された、とみてよろしいでしょうか。

吉國　小康状態、ではないでしょうか。ただしドラギ総裁下のＥＣＢはかなりよくがんばったのではないでしょうか。とりわけＯＭＴ（アウトライト・マネタリー・トランザクション）という無制限の資金供給を約束し、「ユーロを守るためには何でも行う」という明確なメッセージを送ったことは大きかったはずです。しかも、ＯＭＴをＥＳＭと結びつけ、モラルハザードの防止を図っています。結果として、ＯＭＴはこれまで全く発動されずに「伝家の宝刀」としてユーロへの信認をつなぎとめることができました。

小川　二〇一〇年五月の第一次ギリシャ支援がうまくいかなった、その最大の要因はリスボン条約で財政移転を禁止していた、というところにあると思います。ＥＳＭのように各国が資金を出し合ってギリシャを支援してはいけないのだ、という制約があったわけです。リスボン条約との抵触を避けるためにＥＦＳＦを作り、ようやくＥＳＭにこぎつけたところでドイツの反対があり混乱する、ということもありました。しかし、二〇一〇年時点ではできなかった支援を現在はできるようにスキームを作り上げたという点では大きな前進であり、これは先ほど吉國先生がモネを引いて言われた「危機のなかで鍛えられる」という欧州統合の史観とも一致します。

――**矢後**　銀行監督については、ユーロとのかかわりではいかがでしょうか。

吉國　銀行同盟の議論が進展して、銀行監督についてはほぼまとまりました。銀行同盟とは、銀行監督、銀行の破たん処理、預金保険の三本柱からなっています。銀行監督については、原則的にはＥＣＢがみていくことになります。いま課題になっているのは銀行の破たん処理の最終決定権限について、ＥＵが判断を下すという案についてドイツが反対しているらしいということです。ドイツがこれに反対するのは、ドイツの納税者のおカネを欧州の銀行破たんに使ってはならないという論理ですね。

銀行破たん処理をめぐっていま主流になっている考えはベイル・イン、すなわち債権者による負担です。通常いわれるベイル・アウトは国が負担して救済するわけですが、その逆です。キプロスの事例でもありましたが、場合によっては預金にも手をつけられるようにしてしまう、ただし、一部国家による裁量を認める、という枠組みのようです（対談後破たん処理について妥協が成立したが、欧州議会での審議が難航し、最終決定には至っていない）。

ユーロ圏にかぎらず銀行監督については、誰が銀行を監督するのか、ということが世界的なテーマになりました。これまで大きな流れとしてはＢＯＥモデル、すなわち銀行監督がイングランド銀行を離れて完全にＦＳＡ（金融サービス機構）に移行するモデルが支配的でした。いったんはこれが世界的な流れになり、途上国などでも銀行監督を中央銀行から切り離す方向がありました。ところが、今般の金融危機のなかでイギリスでもノーザンロック破綻などの事案があり、銀行監督はやはり銀行をよく知っている中央銀行に委ねるという方向に戻りつつありますね。
問題は、銀行をつぶすかつぶさないか、というソルベンシーの議論になりますと、納税者のおカネも入ってきて、すると中央銀行の独立性との抵触という問題が出てきます。ユーロ圏でもまさにこのポイントが議論の焦点になってくるわけです。

——**矢後** ギリシャの債務危機などが広く報じられ、一部にはユーロ崩壊論もあります。他方で、ユーロ危機のあとにもユーロへの新規加盟国は増えており、ユーロから脱退した国は一つもありません。ユーロについての悲観と楽観がせめぎあう現局面と将来をどのようにご覧になるでしょうか。

吉國 ユーロの将来については、ユーロ圏の中の人は慎重ではあるが楽観論、外からみると悲観論ということでしょうか。よくたとえ話でいいますが、コップに水が半分入っている時にhalf fullとみるか、half emptyとみるか、この違いといってもよいでしょう。
先に触れたモネの至言にあるように統合への動きは危機を経ても続いていて、とりわけトップレベルの統合に向けた意思は強固です。次は銀行同盟、さらに財政同盟へ、という展望が描かれていることでしょう。その意味ではhalf fullなんですよ。ところがヨーロッパにおける草の根の世論をみていると、half empty ととらえている向きがあります。ギリシャなどで暴動も報ぜられていましたが、民主主義のプロセスでこの世論の行方がどこに向かうか、というのは気になるところです。

世代論でいえば、戦争を知っている世代と、戦争を知らない世代の溝があります。先に触れたドゴールからコールにいたるトップの世代は、ヨーロッパで絶対に戦争は起こさないという強固な意思で結びついていました。それが戦争を知らない世代からみると、なぜドイツの納税者がギリシャの支援をしなければならないんだ、という理屈が先に立ってしまいます。こうした行き違いも注視していく必要がありますね。

小川　今回のユーロ圏危機は、ユーロ圏における財政危機であり、ユーロに関連させてあえていえば、ユーロ建て国債発行が容易になることで、危機の一因となったということです。しかし、基本的な前提として財政規律の問題がありました。ユーロ導入の前に財政規律を確保するための安定成長協定を合意していたが、あまり財政赤字に対して抑制力となっていませんでした。

二〇一一年一二月のＥＵ首脳会議において、イギリスとチェコを除くＥＵ加盟国によって、財政安定同盟に向けて基本合意がなされました。安定成長協定においては、財政規律を遵守させるために過剰財政赤字手続きが実施されることが想定されていました。すなわち、三年間続けてGDP比で財政赤字を三％超えると、ペナルティが課されることになっていました。しかし、その決定は裁量的であって、加盟国が相談しあって決めていたわけです。ギリシャの加盟も地政学的な要因などがあり、安定成長協定の執行も大目にみていた面がありました。これに対して、財政規律を強化するための新しい財政ルールを含むこのたびの財政協定では裁量ではなく、自動的に過剰財政赤字手続きが適用するというようにルールが修正されています。モラルハザードを起こさせないというスキームです。それによって、例えばギリシャで財政規律が確立すれば、長期的には安定するでしょう。楽観的かもしれませんが、ユーロは大丈夫である、と私はみています。

もう一つ。ギリシャを追い出してしまえばよい、という議論がありますが、あれはギリシャをユーロ圏から追放するということであり、決してEUから追い出すという前提はないと思います。もしそのような前提で、ギリシャをユーロ圏から追放するとどうなるでしょうか。ギリシャは元の国民通貨ドラクマに戻りますが、確実にこのドラクマはユーロに対して大暴落するでしょう。すると現在のユーロ建て国債の債務負担はべらぼうな額に上ります。ギリシャは完全にデフォルトするでしょうね。ところがこれを誰も救わないのならともかく、EUの加盟国である以上、救済しなければならなりません。こう考えると、負担を大きくしたうえでギリシャをユーロ圏から追い出すのか、いまのままユーロ圏に取り込んで、いろいろと注文もつけながら財政規律を確立させるのか、という選択になります。当然、後者が選択されるわけで、どこかの国をユーロから追い出すという選択は事実上、ありえないことになるわけです。

ユーロ圏への新規加盟も続くでしょうが、いままでとは条件は変わるでしょう。従来、ユーロ圏への加盟に際してはインフレ率や金利は収斂させませしたが、財政だけは目をつぶっていました。今後は、財政に対して厳しくなるでしょうね。

⑩ ユーロ危機とアジア

――**矢後**　ユーロ危機とアジアの今後の対応についてはいかがでしょうか。

吉國　アジア通貨危機の時と異なって、ユーロ危機の際にアジアは非常に安定していた、という評価が国際金融界ではありましたね。これは一九九七年の教訓で外貨準備を積んでいたことが要因です。

小川　唯一アジアが影響を受けたのは、欧米経済を中心とする世界経済の減速にともなう輸出の縮小でした。アジア全体では金融面は直接の影響はないが、間接的に輸出で影響をこうむり、さらに日本円が安全資産とみられて円買いが入って円高になってしまいました。リーマン・ショックの時は一ドル＝一〇〇円くらいであったものが八〇円くらいまで円高に振れ、しばらく過大評価されていました。日本への影響は実体経済と為替相場の両面から現れたといえます。

——**矢後**　ユーロの今後と関連させて、アジア通貨統合の今後についてもコメントいただけますでしょうか。

小川　アジアでは政治体制の違いがあり、通貨統合はむずかしいでしょうね。先般ジャカルタのASEAN事務局にヒアリングに参りましたが、ASEAN当局者はユーロ危機をみて、通貨統合に対して否定的になっています。彼らは「ユーロはハードな統合だが、我々はソフトな統合に行く」と述べていました。ASEANが言う「ソフトな統合」とはまず域内関税の撤廃、次に域外共通の関税を設定する関税同盟になるわけですが、そうなるとシンガポールのように関税が極端に低い国もあり難航しているようです。ともあれ、関税同盟までいくと域外関税政策の共通化を意味するので、そうすると他の政策、例えば金融政策についても協調が進んでいきます。いいかえれば関税同盟に進まないと他の政策においても調和化（harmonization）

しようという発想が出てこないのだと思います。アジアはまだFTAを進めている段階であり、その点ではまだまだ、という感触ですね。チェンマイ・イニシアチブもマルチ化しましたし、先に触れたAMROもサーベイランスの機関としてシンガポール（シンガポール通貨庁のビルのなか）に設立されましたが、まだ統合への動きは具体化していないですね。将来に向けたフォーラムとしてはこのAMROを拡大していく方向が考えられるかもしれません。

11 国際通貨システムとユーロの未来

――**矢後**　ユーロの今後は国際通貨システムの将来にとっても重要ですが、準備通貨国際通貨システム・グローバル・インバランスなどの諸課題については、どのような展望が描けるでしょうか。

小川　ドルの一極支配に対してユーロはある程度影響力を持ったほうがよいでしょう。ユーロ圏、EUにおいて、貿易決済通貨はユーロ建てです。今後、ユーロ圏の拡大及びユーロ圏域外との国際貿易の増大によってユーロの影響力が増していくと、アメリカの一方的な通貨政策の動きを牽制できるでしょう。ただ、それが可能になるためにはユーロ圏諸国の財政も健全でなければなりません。それが課題ですね。

吉國　ユーロ圏は、経常収支は全体としてバランスをたもっていますが、実体経済の回復はまだまだです。アメリカの金融緩和の終了を見越してＥＣＢはどうするか、ある程度のマイナスは覚悟しなければならないでしょうね。

小川　アメリカが景気回復しつつあり、日本も景気回復に向かい、ヨーロッパもいずれ景気が回復してくるとなると、こうして先進諸国経済が世界金融危機以前の状況に戻った時グローバル・インバランスは再び現れてくるでしょう。そうなると金融仲介機関、とくにヨーロッパの金融機関の役割は重要になります。役割は果たしていただきたいが、他方で規制の課題も出てくる。私自身は規制をかければそれでよい、とは思っていませんので、マクロ・プルーデンスなどの枠組みが必要になるでしょう。

吉國　日本の金融の役割も大きいです。アジア通貨危機後、邦銀が引き揚げたあとヨーロッパの金融機関はアジアに大きなエクスポージャーを誇っていましたが、かなり減っています。

そこに邦銀が再び入っています。最近では中小の金融機関もアジアに現地事務所を開くなど、積極的に出ていることは歓迎すべき動きでしょう。かつて邦銀がアジアに出た時は日本企業相手にドルの業務だけやっていましたが、今回は違うようです。現地通貨、人民元、円建てのビジネスを展開しています。信金がタイで取引先企業の現地法人向け貸し出しを手掛けている事例も聞きました。人民元と円の直接交換の動きも含めて、基軸通貨ドルへのオルタナティブとして重要な動向であるといえましょう。

最後に、ユーロの将来について、これまでの議論を踏まえて申し上げれば、私としては、「慎重な楽観主義」（cautious optimism）の立場です。なぜ、楽観主義かというと、すでに述べたようにユーロが何度も危機を乗り越えることで進化してきたからです。なぜ、慎重かというと、ユーロがさらに進化していくためには、さらに何度かの厳しい危機が必要であろうからです。日本銀行やＢＩＳの勤務を通じて、ＥＣＢやユーロ圏、中央銀行の幹部と接してきた経験からいうと、彼（彼女）らには危機を乗り越える処方箋を書く能力があると確信しています。問題は、民主主義国の集まりであるユーロ圏で、そうした処方箋が政治的に受け入れられるであろうかということに尽きるのではないでしょうか。

――**矢後**　本日はありがとうございました。

参考文献

Bayoumi, Tamim and Barry Eichengreen（1993）“Shocking aspects of European monetary integration,” in Francisco Torres and Francesco Givavazzi eds., *Adjustment and Growth in the European Monetary Union,* Cambridge University Press, 193-229.

Bayoumi, Tamim, Barry Eichengreen and Paolo Mauro（2000）“On regional monetary arrangements for ASEAN,” *Journal of the Japanese and International Economices,* vol. 14, Issue 2, 121-148.

Bela Balassa（1961）*The Theory of Economic Integration,* Irwin, Homewood（中島正信訳『経済統合の理論』ダイヤモンド社、一九六三年）.

De Grauwe, Paul（2012）*The Economics of Monetary Union,* Oxford University Press, ninth edition.

McKinnon, Ronald I.（1963）“Optimum currency areas,” American Economic Review, vol. 53, no.4, 717-725.

Mundell, Robert A.（1961） “A theory of optimum currency areas,” *American Economic Review,* vol. 51, no.4, 657-665.

小川英治（2013）『グローバル・インバランスと国際通貨体制』東洋経済新報社。

第1章　ユーロのニューパラダイム——生誕二〇年にむけて

吉國眞一

国際シンポジウム「ユーロ一〇年―過去の経験の評価と将来への展望」

二〇〇九年九月一八日　関西学院大学西ノ宮キャンパス

第1セッション「ユーロの歴史と現状」

座長―田中素香（中央大学教授）

講師―ジェラール・ボシュア（セルジ・ポントワーズ大学教授、前パリ大学教授）

論題―「ユーロ誕生への道と誕生後一〇年」

討論者―廣田功（帝京大学教授）

第2セッション「中央銀行の最後の貸手機能とその独立性」

座長―小川英治（EUSI副所長・一橋大学教授）

講師―フランチェスコ・パパディア（欧州中央銀行・金融市場局長）

論題―「中央銀行の最後の貸し手機能とその独立性」

討論者―中曽宏（日本銀行理事・前金融市場局長）

第3セッション「金融のグローバル化と金融規制・監督」

座長―久保広正（神戸大学教授）

講師―エリ・M・レモロナ（国際決済銀行・アジア太平洋地区事務所代表）

論題―「金融のグローバル化と金融規制・監督（仮題）」

討論者―吉國眞一（みずほ証券シニア・アドバイザー）

総括セッション

座長―春井久志（関西学院大学教授）

論題―「金融・経済危機後の国際通貨システム」

すべてのセッション参加者（座長、講師、討論者）

閉会の辞―杉原左右一（関西学院大学学長）

＊所属・肩書きは当時のもの

1　はじめに

本書は、二〇〇九年一〇月に関西学院大学と日本金融学会の共催で行われた国際シンポジウム「ユーロ一〇年」を契機に構想されたものである（会議のアジェンダ、参加者等については、本章冒頭を参照）。その取り纏めの最中、ギリシャを皮切りにユーロ圏が深刻な金融危機に見舞われ、「ユーロ一〇年」を祝福する会議の雰囲気とはかなり異なる状況が出現した。今や、ユーロ一〇年の成功物語でなく、危機に陥ったユーロが「二〇年」を無事に迎えられるかが焦点となり、問題意識は大きく変化した。

そこで、本書に収録された論文を踏まえて当時の議論を振り返えりつつ今後のユーロのゆくえを探ってみたい。

2　「ユーロ一〇年」会議――危機のなかでも健在であったユーロ楽観論

同会議は、共通通貨ユーロ発足後一〇年という節目に加えて、グローバル金融危機のクライマックスとなったリーマン・ブラザーズの破綻から丁度一年という絶妙のタイミングで開催され、大学におけるアカデミックな会合であったにもかかわらず、中央銀行、国際機関、民間金融機関の実務家が参加し、金融危機最前線からのアップツーデートな報告を含めて活発な議論が展開された。当日の議論を振り返ると、リーマン・ショックにより一九三〇年代の大恐慌以来という金融危機に発展した後であり、参加者は強い危機感を共有して会議に臨んでいたことがうかがえる。ただ、ユーロ圏については、共通通貨の存在が危機の深刻化を防いだとして、ユーロ一〇年を肯定的に評価する見方が大勢であった。

③ 第1セッション「ユーロの歴史と現状」

駐日EU代表部ベレンツ書記官の挨拶、欧州経済史の泰斗ジェラール・ボシュア元パリ大学教授による講演、それに続く帝京大学廣田功教授によるコメントを通じて、ユーロの誕生が単なる経済現象を超える歴史的、文化的な背景を伴った出来事であり、欧州統合という壮大な政治過程の一部として捉えるべきことが強調された。

欧州の外では、一九九〇年代に入りユーロへの道程が明確に示された後でも、エコノミストの間で共通通貨がスムーズに実現するとの見方は少数意見に止まっていたし、そもそもユーロ地域は「最適通貨圏」の条件を満たしていないというネガティブな見方が多かった。これは、すべての経済現象を合理的な経済人を前提にしたモデルで説明し、常に過去のトレンドの延長線上でものを考えてしまうエコノミストの本性によるものであろう。本セッションは、より幅の広い視点からものをみることができる経済史家の報告を中心に据えたことで、そうした陥穽を回避することができたのではないかと思われる。

ドイツ人がドイツ・マルクを捨てることができた理由についてボシュア教授は、「ＥＣＢがドイツ・ブンデスバンクをモデルにしたことでドイツ人の不安が解消したこと」と述べた。一方、パパディア・ＥＣＢ金融市場局長（当時）はユーロ誕生の決定的なモメンタムとなったのが、ドイツの再統一に際して、二度の大戦の苦しい経験から欧州の一員としてのドイツを求める欧州諸国の強い願望であったことを強調した。これらを受けて久保広正神戸大学教授が総括セッションにおいて述べられた以下の言葉は、ユーロの成立という奇跡的な出来事についての極めて明快な説明であると思われる。

「ヨーロッパは、ドイツのヨーロッパ化を求め、ドイツはその見返りとして経済においてヨーロッパのドイツ化を求めたのだ」

一方、インフレーション・ターゲッティングについて興味深い議論が展開された。「物価重視」

という、インフレーション・ターゲッティングの基本思想が共有されていったことが、ユーロ圏をはじめとして物価安定志向な金融政策の確立に大きく貢献したという見方が支持された反面、中曽宏日本銀行理事（現副総裁）からは、今回のグローバル金融危機のなかでその問題点も露呈されたとの重要な指摘があった。そして会議の直後に発生したギリシャの危機は、「ドイツ化され、物価の安定を達成した欧州経済」のアキレス腱を露呈し、中曽氏の問題提起の的確さを裏書することとなった。

4 第2セッション「中央銀行の最後の貸手機能とその独立性」

本セッションは、日本銀行理事で金融市場局長を兼務し、BISマーケット委員会の議長を務めていた中曽宏と、同マーケット委員会の最長老に属する中心メンバーで、ユーロ圏の金融市場オペレーションを司る欧州中央銀行（ECB）金融市場局長のフランチェスコ・パパディア、すなわちグローバル金融危機に立ち向かう中央銀行ネットワークに属する二人の中央銀行家による極めて内容の濃いセッションとなった。今次金融危機の本質が「流動性の危機」であり、BISマーケット委員会は、中央銀行による市場での流動性供給について国際的な調整を行うという意味でまさしく危機の最前線に位置していた。国際金融市場を崩壊の瀬戸際から救ったと言われるFRBと主要国中央銀行とのスワップ取決めを実務的に取り仕切ったのもこのマーケット委員会のメンバー達であった。

実際、中曽、パパディア両氏は二ヶ月に一度バーゼルのマーケット委員会で顔を合わせるだけでなく、日常的に連絡を取り合う仲であり、リーマン・ショックの前後などには二四時間電話をつなぎ放しにして対処策を検討したことをお互いのプレゼンテーションのなかで明らかにした。こうした流動性供給措置は、ピーク時には主要国中央銀行間で青天井のドル供給を認めるという異例なものとなった。中央銀行による市場でのオペレーションは、平時であれば金融政策決定会合のディレクティブに基づき、市場の需給動向に応じて受動的に行うものであり、「政策」というより「日常業務」に近い地味なものである。しかし、危機においては流動性の供給こそが最重要の課題として前面に押し出される。中央銀行の究極のレゾン・デートルである「最後の貸手」機能である。白川方明前日本銀行総裁が、在任中、しばしば講演で言及した「配管工」(plumber)としての中央銀行の役割というのはまさしくこうしたオペレーションを指しているのであろう。

金融政策の世界を医学に例えることを好むパパディアは、異例の市場オペレーションを、深刻な副作用を伴うとわかっていても生命を救うために止むをえないという意味で「気管切開手術」(tracheotomy)のようなものだと表現した。金融市場のメルトダウンに直面した当事者による極めて実感のこもった表現であると思われた。今回の危機では、主要国の中央銀行によって流動性対策に限らずマクロ金融政策やプルーデンス政策の面でもそうした気管切開手術のような措置が相次いでとられてきた。パパディアはこれに関連して一九九七、九八年の危機を経験した日本銀行、とりわけ理論と実践の両面で経験豊富であった白川前総裁や、当時日銀の信用機構課長として危機管理の中心にいた中曽理事達がＢＩＳの会合等の場で知恵袋となって議論をリードしてきたと語ったのが印象的であった。

5 第3セッション「金融のグローバル化と金融規制・監督」

中央銀行をはじめとする金融当局者の国際機関である国際決済銀行（ＢＩＳ）は、バーゼル銀行監督委員会（バーゼル委）やその上級フォーラムである金融安定化理事会（ＦＳＢ）の事務局機能を果すなどして、金融危機のなかで国際通貨基金（ＩＭＦ）と並んで存在感を高めてきた組織である。ＢＩＳは危機に先立つ数年にわたり、年次報告やワーキング・ペーパーを通じてグローバル金融市場での行き過ぎた金融緩和が生む様々な歪み（資産バブル、経常収支の不均衡、金融商品の異常なプライシング）について注意を喚起してきた。例えば筆者（吉國）が編纂委員として作成に関わった二〇〇六年の『ＢＩＳ年報』は、エリオットの有名な詩をもじった以下の文章でバブル経済の行く末について強い警告を発している。

Some of these would imply the end will be a “bang” of market turbulence, others a “whimper” of slow growth for a extended period. Should the expected smooth adjustment not materialize, the alternative might well be a combination of the two

ＢＩＳのチーフエコノミストを務めていたホワイト金融経済局長がものしたこの格調高い警告は、「ゴールディロックス経済」のユーフォリアに沸く当時の国際金融社会からは、「狼と少年」の寓話のようにほとんど無視されていたのである。金融危機のなかで市場の破裂（bang）と実体経済のすすり泣き（whimper）が現実となったことでＢＩＳの見解が脚光を浴び、ホワイトは英国『エコノミスト』誌に「最も優れたエコノミスト」として絶賛された。

しかしながら、一方でＢＩＳがバーゼル委等を舞台にイニシアティブをとって確立した現代金融のリスク管理パラダイム（金融機関の自主的なリスク管理とディスクロージャーを前提にしたマーケット・フレンドリーなアプローチ）が、危機のなかで深刻な反省を迫られていることも事実である。

本セッションでは一流の金融エコノミストでもあるＢＩＳのアジア代表レモロナが、最先端のクレジット・リスク・モデルをアジアに適用することにより、「サブプライム危機」がサブプライムを氷河の一片とするグローバルなクレジット・バブルの生成と破綻のプロセスであることを実証した。その後筆者が金融危機を契機に金融政策、プルーデンス政策両面において新しいパラダイムが確立されつつあるのではないかとの問題を提起した。

その新しいパラダイムを具体的に金融政策やプルーデンス政策の現場に落としていく作業はいまだに未完成であり、中央銀行をはじめとする当局の間で明確なコンセンサスは得られていない。特にBISビューと呼ばれる、金融政策も含めてバブルや金融不均衡の芽を積極的に摘み取っていくべきとの考え方については、その妥当性、プラクティカルな実現可能性をめぐって議論が分かれている状況である。

この点についてパパディアは質疑応答のなかで、「金融の安定が長期的な物価の安定の条件という意味で、物価安定に専念することはBISビューと矛盾しない」と述べた。また、バブルや様々な「金融的不均衡」を金融政策のみで予防することは不可能であり望ましくもないが、「政策金利の変更は将来にわたる過度の金融緩和期待を打ち消すことで小幅であっても大きなアナウンスメント効果を発揮しうる」（中曽宏、吉國眞一）といった観点から、金融政策がマクロプルーデンスの分野でも役割を果すべきとの見方には一定の支持が得られた。この点、本会議に参加した日本銀行とECBの考え方はどちらかと言えばBISビューになじみやすいのではないかと思われた。ただその後、日本銀行は黒田東彦氏、ＥＣＢはマリオ・ドラギ氏が総裁に就任し、金融緩和政策を一段と強化している。現時点での両中央銀行の見方はかなり変わっている可能性がある。

6　ギリシャ危機で終わったユーロフォリア

以上のように、会議では、金融危機の最中に、危機管理の当事者を交えた極めてホットで的確な議論が展開された。ただ、現時点で振り返ると、大きな問題意識が欠けていたのではないかと思われる。それは、グローバル金融危機が、共通通貨ユーロの問題としては捉えられていなかったことである。アメリカのサブプライム問題に始まった金融危機が、最初にグローバル危機として意識されたのは、二〇〇七年夏、ユーロ圏の流動性危機である。だが、それはサブプライム・ローン関連商品を抱えた欧州の金融機関が、米ドルの流動性不足に陥ったことによるものであり、危機の収拾も、アメリカＦＲＢのスワップによる信用供与であった。

会議でも、グローバル金融危機は、もっぱらアメリカの金融政策や、欧米金融機関のリスク管理の問題とみる向きが大半であった。当時の状況を考えると、欧州市場では流動性問題が一段落し、リーマン・ショックにより、危機の中心が震源地のアメリカに逆戻りしていた。こうしたなかで、ユーロ圏内では、特定国の為替相場が狙い撃ちされて乱高下する事態が回避できたことを、通貨統合の成果として肯定的に捉える見方が多かったのである。

そうした「ユーロフォリア」は、二〇〇九年末のギリシャ危機の発生によって崩壊する。グローバル金融危機がユーロ危機に発展することを、二〇〇九年の会議の時点で予測していたエコノミストは極めて少数であったであろう。しかしギリシャ危機が、アイルランド、ポルトガルに飛び火し、さらにはスペイン、イタリアまでが問題国とされ、ユーロ危機が深刻化するなかで(表1―1参照)、多くのエコノミストが手のひらを返したように、ユーロ崩壊論を唱えるようになった。

ユーロ危機の根源には、欧州統合のプロセスに関するドイツ等「ゲルマン、プロテスタント」諸国と、フランス、イタリアに代表される「ラテン、カトリック」諸国の対立があったと考えられる。「ドイツをヨーロッパ化するために、ヨーロッパがドイツ化した」という言葉は、ユーロが、ドイツとその他ヨーロッパにとって「同床異夢」のプロジェクトであったことを意味する。

ドイツにとって欧州の通貨統合は、単一通貨と財政規律によって安易な金融・財政政策の道を封じ、加盟国を構造改革に追い込んでいくプロセスであった。筆者は、通貨統合前夜の欧州で、このいわば「構造改革養成ギプス」とも呼ぶべき戦略が有効に機能していたと考えている。当時筆者は日銀の欧州代表として欧州主要国を頻繁に訪れていたが、印象的であったのは現在

表1-1　ユーロ危機の経緯

2009年	10月	ギリシャ、パパンドレウ政権発足、前政権の財政赤字粉飾発覚
2010年	5月	ギリシャIMFプログラム合意、欧州金融安定基金（EFSF）設立合意
	10月	アイルランド支援プログラム
2011年	5月	ポルトガル支援プログラム
	10月	ギリシャ追加支援、EFSF拡大
	11月	ギリシャ、イタリア、スペインで政権交替
	12月	ECB、LTRO（無制限3年オペ）4,900億ユーロ、欧州新財政協定（fiscalcompact）で合意
2012年	3月	ギリシャ新パッケージ（PSI導入）、LTRO第2弾、5,400億ユーロ
	4月	安定基金拡充、欧州安定機構ESM設立合意（EFSF2,000＋ESM5,000億ユーロ）
		IMF資金規模拡大（ユーロ圏外から4,300億ドル）
	5月	フランス、ギリシャ政権交替
	6月	スペイン、金融危機深刻化、EU首脳、銀行同盟創設で合意
	9月	ECB、新国債購入プログラム（OMT）
	10月	ESM、ドイツの憲法判断を得て正式発足
2013年	1月	新財政協定発効
	3月	キプロス金融危機、大口預金の一部切捨て（ベイルイン）
	4月	ポルトガル、スペイン支援延長、ポルトガル財政再建策の一部に違憲判決
	8月	ポルトガル、再び財政再建策に違憲判決
	9月	EU議会、銀行同盟第1の柱、単一監督制度（SSM）法案可決
		ドイツ総選挙、メルケル政権連立組み換えで継続

ＧＩＩＰＳと呼ばれるイタリアやスペインなどの中央銀行幹部が一様に「ユーロ導入を目指して改革を進めた結果、経済状況が改善し、ドイツと一緒になっても大丈夫」といった自信を表明していたことであった。実際、財政赤字を粉飾していたギリシャを除くと、「ラテンとカトリックと放漫な経済運営」という共通点を持っていた諸国が「ゲルマンとプロテスタント」のドイツをモデルに進めた改革はかなりの程度奏功していたのである。

従って筆者は、「そもそもユーロ導入が間違いであった」という見方には必ずしも同意できない。ユーロという「錦の御旗」がギプスの役目を果たしたことで、痛みを伴うマクロ政策運営と構造改革が可能になった。ユーロがなければ、現在危機に陥っている「周辺国」は、ずっと以前に一九八〇年代のラテンアメリカ諸国のような深刻な危機を経験し、二一世紀を待たずに先進国グループから脱落していたであろう。

7 信頼のパラドックスが産んだユーロ危機

ところがユーロの発足はむしろ構造改革へのインセンティブを緩める方向に作用した。通貨統合で為替リスクが消滅したことで、ユーロ圏内外の金融機関が圏内への貸出や国債の保有を増加し、かつて財政赤字や為替リスクを反映した高金利に苦しめられていた周辺国の金利が劇的に低下した。金利の低下は、前述のような経済運営の奏功でユーロ圏経済全体への信頼が増していたことにも支えられていた。皮肉なことにこれが低利で安易な貸出を可能にし、不動産バブルと放漫財政に繋がっていく。ＢＩＳのエコノミストが「信頼のパラドックス」と名づけた、アメリカのサブプライム問題にも共通する現象である。低金利の下で構造改革養成ギプスが機能しなくなったことになる。

本書第三章に収録されているＢＩＳのレモロナ・ペーパーでは、グローバル金融危機が、サブプライム市場という局地的な問題でなく、グローバル金融市場全体において発生していた巨大なクレジット・バブルの崩壊によるものであったことを実証分析によって裏づけている。実はその時点で欧州では、周辺国の「国債」にもう一つの壮大なクレジット・バブルが存在していたのである。このバブルは、「国債はデフォルトしない」という「元本保証期待」の下で、ユーロの導入によって為替リスクが消滅したことによって発生した。

国債バブルの発生とその崩壊が、ユーロの制度設計の根本的な間違いによるものとするのは早計であろう。放漫な財政運営は、通貨統合の前提条件である「安定成長協定」で要求される財政規律（ＧＤＰ比財政赤字三％、国債残高六〇％）でチェックできるはずであったからである。ところが率先して協定を守るべき大国ドイツとフランスが二〇〇三年に、小幅ながら財政赤字基準を超過し、しかも本来科されるべきペナルティを免れた。「錦の御旗」の旗手のルール違反で改革のモメンタムが失われ、基準の未達が恒常化する。例えばギリシャは国債の大量発行によって財政支出を野放図に拡大し、持続不可能な年金制度（六〇歳前から支給可能、退職時給与の九〇％が本人死後も配偶者にまで支給）を維持していた。ドイツの強力な音頭で成立し、二〇一三年初めに発効した「新財政協定」（fiscal compact）はこの失われた財政規律をより強力な法的根拠の下に再建し、構造改革養成ギプスをはめ直そうというものである。

8 財政統合――ドイツの言い分、ギリシャの言い分

一方でこうした財政協定は、景気の悪化を通じて財政バランスをかえって悪化させる恐れがある。それは国債価格下落→金融機関の自己資本減少→貸し渋りというルートでも景気の悪化に繋がる（図1―1）。実際、ギリシャをはじめ金融危機に直面した周辺諸国では、財政、金融、マクロ経済の悪循環、いわゆるプロシクリカリティの問題が発生し、深刻な社会問題となっている。ユーロ発足当時から指摘されていた「財政統合なき通貨統合」の問題である。これを抜本的に解決するには、ユーロ圏が財政同盟に深化することが必要である。通貨同様財政が統合されればユーロ圏は経済的に一つの国となる。ユーロ圏全体の経済指標は日本やアメリカと比べて劣っているわけではない（図1―2）。そうなれば、国境を越えた「ユーロ共同債」

図1-1　ユーロ圏―景気・財政・金融の悪循環

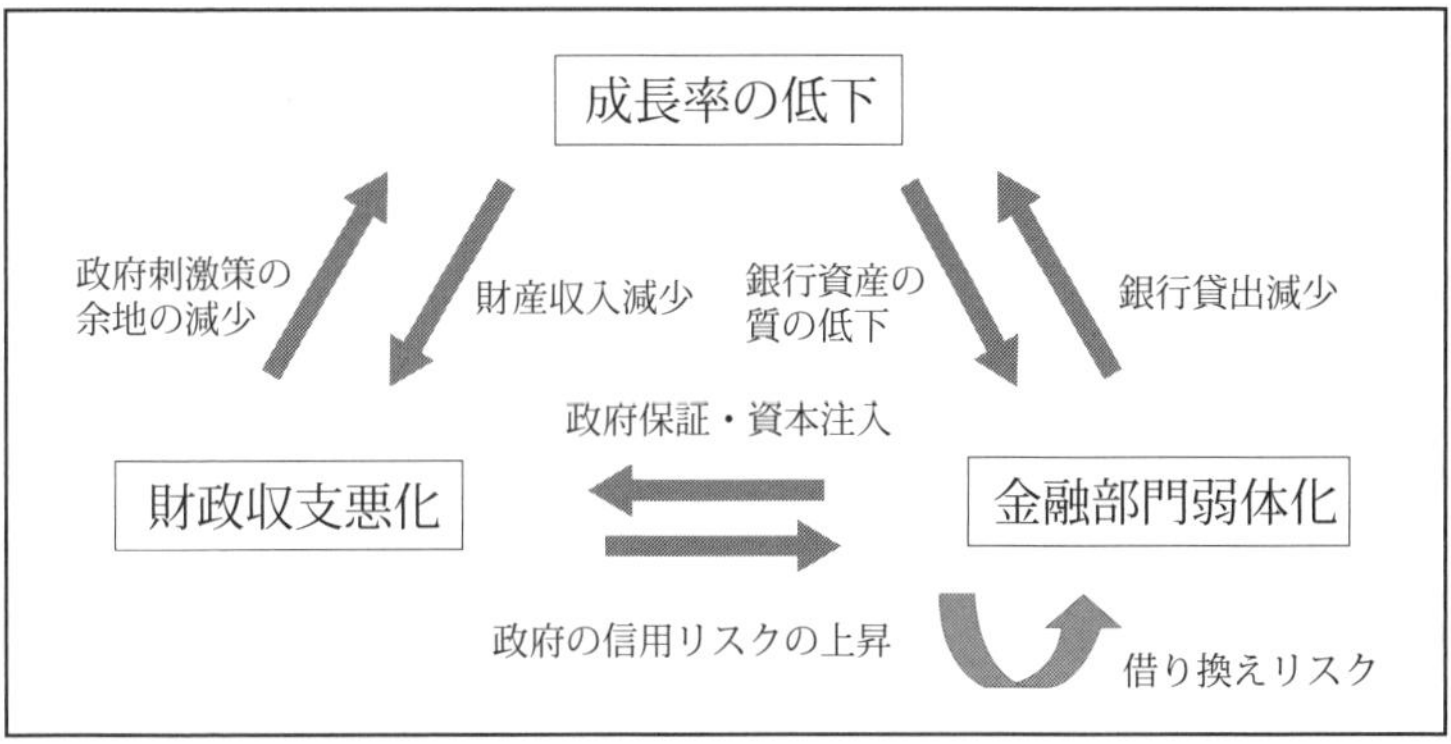

出所：IMF資料よりMSRC（みずほ証券リサーチ&コンサルティング）作成。

図1-2　一つの国としてみたユーロ圏

（2012年計数、IMF・WEO　database、CPIは前年比、その他は対GDP比）

	ユーロ	アメリカ	日本	先進国
CPI	2.5	2	0	2
財政赤字	3.7	8.3	10.1	5.9
国債残高（ネット）	72.2	84.1	133.5	76
国債残高（グロス）	93	102.7	238	107.9
経常収支	1.9	-2.7	1	-0.1

出所：著者作成。

の発行などにより、ソブリンリスク問題が根本的に解決されるであろう。

しかし財政統合とは、例えば年金制度が統合されることである。危機直前の状態を単純化して示せば、六〇歳代の現役ドイツ人労働者の貯蓄が、ドイツの銀行のギリシャ国債買い入れを通じて、五〇歳代のギリシャ人退職公務員に対する（ドイツ人が六五歳でようやく受け取れる年金より多い）年金の支払いに充てられていた。ギリシャ危機でPSI（民間セクターによる負担）が発動され、ギリシャ国債の価格は現在価値ベースで七割以上下落した。ドイツ人からみれば理不尽極まりない状態である。しかしギリシャ人などは、ユーロ導入で最も恩恵を被ったドイツが欧州経済全体の安定に貢献する義務があると主張する。

通貨統合はドイツにとって、「ヨーロッパのドイツ化」、その他多くの国にとって「ドイツのヨーロッパ化」という同床異夢のプロジェクトであった。その折り合いをつけない限りユーロ圏の展望は拓けない。

9 中央銀行への過大な期待とECBの苦悩

その同床異夢の狭間に位置するのがユーロ圏の中央銀行ECBである。ドイツからはブンデスバンクの後継者として「物価安定」のアンカーを期待される一方、フランスなどはユーロ圏の「最後の貸手」として国債市場の安定や金融機関の資本注入にも責任を負うべきであると主張する。ＥＣＢのマリオ・ドラギ総裁はイタリア人ながら、「ドイツ人よりドイツ的」と言われ、アメリカのインベストメントバンクも経験しており、そうした様々な要求に対処しつつ、ＥＣＢひいてはユーロへの信認を維持するという困難な責務をこれまでのところ極めて適切に果たしてきたと言えよう。ドラギ総裁の下で、二〇一一年に導入された、三年物の長期オペ（ＬＴＲＯ）、二〇一二年の国債購入プログラム（ＯＭＴ）は、ユーロ危機が最悪の事態に発展することを食い止めた。特にＯＭＴは、ドラギ総裁の、「ユーロを守るためにあらゆる手段を講じる」という強いステートメントを伴っていたことで、崩れかけていたユーロへの信認を回復する切り札となった。結果的に、ＯＭＴはその後実際に発動されることなく、「伝家の宝刀」として現在に至っている。

しかしユーロ危機の根本にあるのは、加盟国の経済格差と財政規律の欠如であり、それは金融政策では解決できず、各国の地道な改革とユーロ圏首脳の政治的な決断にかかっている。ユーロ危機は「ギリシャ悲劇」として始まった。しかし、ＥＣＢはギリシャ悲劇にたびたび登場する「機械仕掛けの神」（deus ex machina、困難な状況下に突然出現し、すべてを解決する救世神）になることは不可能である。それでも、政府は国債相場の安定を、金融機関は流動性を、企業、消費者は低金利を求めて、ＥＣＢに神のような役割を要求する。これはＥＣＢに限

図 1-3　中央銀行が背負う過大な役割

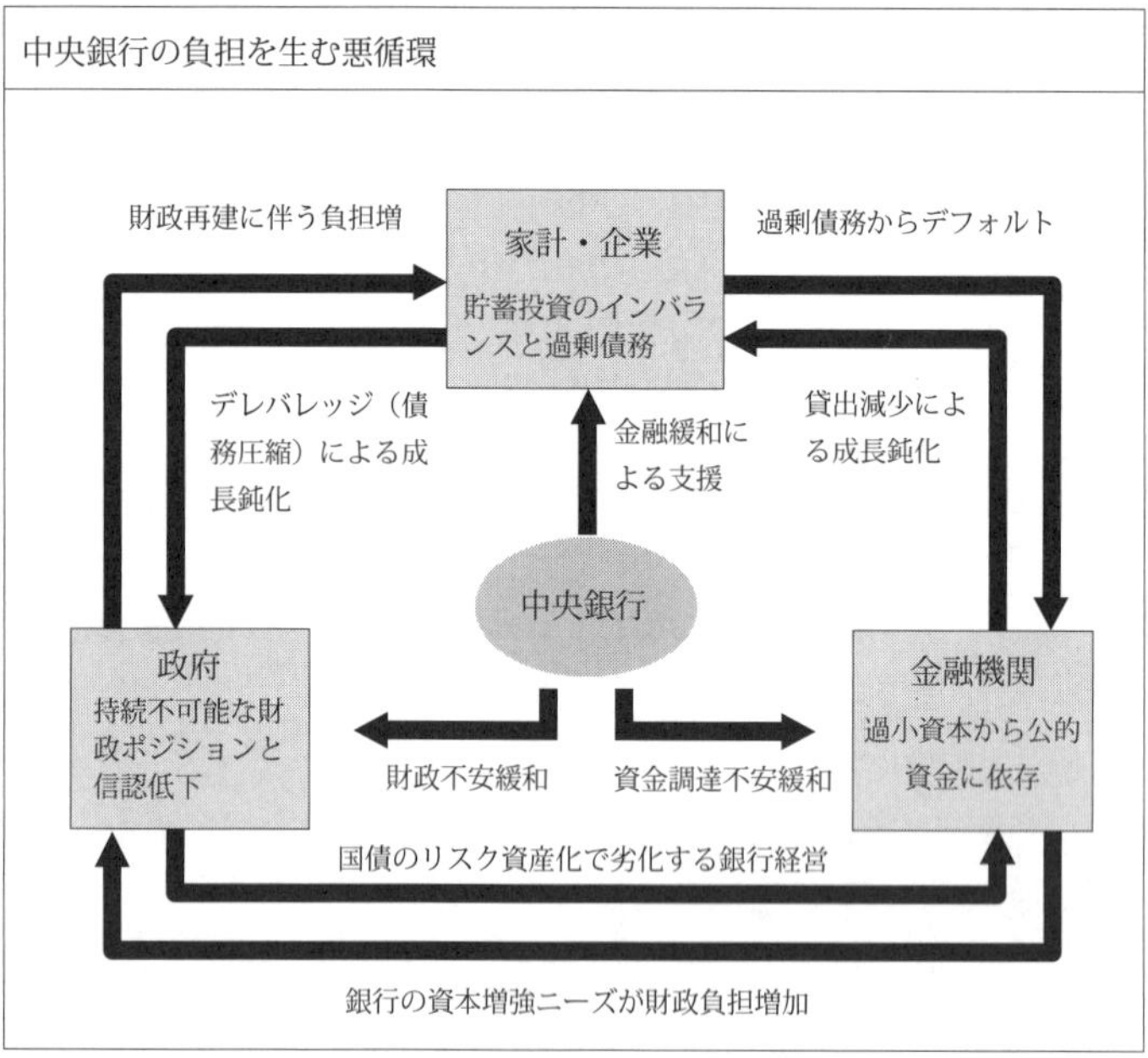

出所：『国際決済銀行（BIS）2012 年』年報より。

らす、グローバル金融危機のなかで、主要国の中央銀行が共通に抱えている問題である。二〇一二年の『BIS年報』には、そうした過大な期待に応えざるをえない中央銀行の苦悩を象徴する図が掲載されていた（図1―3）。

「民主社会における中央銀行とは、その社会が直面する様々な軋轢を吸収する磁石のような存在である」……一九九六年のある中央銀行総裁の発言は、まさしく二一世紀の中央銀行を予見する卓見であったといえよう。この総裁が、当時金融危機を収拾する「マエストロ」「神」として市場の絶大な信頼を集めながら、後にグローバル金融危機を引き起こした「厄病神」と批判されたアラン・グリーンスパン前アメリカ連邦準備制度（ＦＲＢ）議長であったことを考えると、思い半ばに過ぎるものがある。

⑩「シジフォスの苦行」を地でいくギリシャ危機

ＥＣＢの巧みな政策運営もあって、ユーロ危機はとりあえず小康状態にあるが、問題国の経済状況は引き続き厳しい。失業率が軒並み二桁で、若年層では数一〇％に達するなか、長引く構造改革に対する国民の不満も高まっており、共通通貨の将来について「ユーロ一〇年会議」の頃の楽観論は大きく後退した。

しかし、この間ユーロ圏が危機のなかで短期間に極めて多くのことを達成したのも事実である。すでに述べた新財政協定は、もともと通貨同盟の一部であった安定成長協定の延長線上のものだが、通貨同盟と並ぶ「財政同盟」へ向けての第一歩である。

ギリシャ危機の最中に時限的機関として設立された欧州金融安定基金（ＦＦＳＦ）は、そのあと恒久的なセイフティーネット・メカニズム、欧州安定機構（ＥＳＭ）に発展した。ＥＳＭは、利用に際して財政や構造改革についての厳格な条件が付されており、金融危機の最も重要な原因である、モラルハザードの防止が図られている。すでに述べた国債購入プログラムOMTの発動もESMが条件であり、OMTが実際に使用されずに金融不安を鎮静化することに結びついた。

またスペイン危機においては、金融機関監督、金融機関の破綻処理、預金保険制度を統一するという「銀行同盟」構想が浮上し、金融機関監督の統一システム（SSM）については、二〇一三年九月に法案が成立し、二〇一四年半ばから発効することになっている。

さらに、二〇一三年初に発生したキプロスの金融危機で、金融機関の大口預金者に負担を求めるいわゆるベイルインの手法が採用され同年末には統一的な金融機関破綻処理制度（SRM）に関する合意が成立した。

このように、ユーロ危機のなかで、ユーロの制度設計をめぐる根源的な問題が改めて提起されるとともに、それらに対して、平時では考えられなかったスピードで対策が打ち出されてきたことは興味深い。欧州統合の父と言われたジャン・モネの以下の言葉はまさにこうした状況を予見したものであったのかもしれない。

「ヨーロッパは危機のなかで鍛えられ、危機に対する解決策の積み重ねとして構築されていく」

二〇〇四年に新ＢＩＳ規制（バーゼルⅡ）の議論が決着した時、当時ロンドン・スクール・オブ・エコノミクスの教授であった金融問題の泰斗、チャールズ・グッドハート教授は、主要国中央銀行総裁が一同に会した講演会でスピーチし、金融監督の仕事を、重い石を苦労して山の上に運び上げても途端に石が転げ落ち、その作業を永遠に続けるという、ギリシャ神話の「シジフォスの苦行」に例えた。

ギリシャに始まったユーロ危機は、事態の悪化、当局による対策、小康状態、再び悪化というシジフォスの運命をそのままなぞっているようにもみえる。だが、以上のようなユーロ圏当局の対応を前向きに解釈すれば、通貨統合という壮大な実験に伴う「産みの苦しみ」かもしれない。

ドイツのメルケル首相は、「ユーロは単なる通貨を遥かに超えた存在である。通貨統合は、運命共同体であり、我々の歴史的任務である。ユーロが終われば、ヨーロッパが終わる」（二〇一〇年五月の議会演説）とまで言い切った。

問題は、民主国家の集まりであるユーロ圏の民意がどこまで厳しい改革に耐えうるかということである。ドイツでは、ユーロ推進派の旗頭であるメルケル首相が、九月の選挙を乗り切った。周辺国への援助に前向きな社会民主党との大連立は、ユーロにとって好材料とみられている。一方ギリシャの経済情勢は依然厳しく、ＩＭＦ、ＥＣＢ、ＥＵによるトロイカ体制による支援も、一段の債務削減をめぐって不協和音が生じているとの報道がある。その背景には、ドイツ対ギリシャといったユーロ圏内部の対立に加えて、ユーロ圏にＩＭＦの信用が大規模に供与されることに対して、新興国のなかから反発の声が聞かれ始めていることがあるであろう。

11 国際通貨システムの将来とユーロ

これは突き詰めると、二一世紀半ばくらいを展望した国際通貨システムのあり方にも重要なインプリケーションを持っている。例えば欧州のセイフティネットＥＳＭを、アジアにおけるＡＳＥＡＮ＋３と比べると、その資金調達方法に重要な相違がある。前者がユーロ建てのＥＳＭ債の発行という、民間資金、域外の資金を当てにしたシステムであるのに対し、後者は、基本的に加盟国の外貨準備を活用したドル建てのスワップ網であることである。言い換えれば、ＥＳＭは、ユーロ圏がアメリカと同様に基軸通貨国の「途方もない特権」を享受することを前提としていることになる。

実際に日本や中国は、すでに発行されたＥＦＳＦ債券の大口の買い手である。財務省などは、外貨準備の多様化や、対ユーロでの行き過ぎた円高阻止という観点から、望ましい投資であると説明しており、金融市場でも概ねポジティブに受け止められている。だがそれは裏返せば、多額のアメリカ債を保有し、ドル安による為替差損を蒙りながら、ドルの基軸通貨体制を支え続けてきた歴史をユーロにおいて繰り返すことに繋がる可能性があるであろう。中国はすでにそうした問題意識を持って、かつてドルに代わる国際通貨の役割を期待されながら、IMFの計算単位に毛が生えた程度のものに止まってきたSDRの活用を提唱するとともに、目覚ましい経済発展にもかかわらず封印してきた人民元の国際化に踏み出した。アジアに属する先進国日本の対応が問われている。

12 ユーロが「フィガロの離婚」を避けるために

新しい喜びは、新しい苦痛をもたらす（モーツアルト）

最後に筆者がユーロを考える時、常に想起するエピソードを紹介したい。ユーロ誕生の前夜、ドイツ中央銀行ブンデスバンクのティートマイヤー総裁（当時）が、モーツアルトのオペラに例えて「通貨統合がドン・ジョバンニの悲劇でなく、フィガロの結婚のハッピー・エンドになることを望む」と述べられたことである。その願いがかない、障害を乗り越えてスタートしたユーロであるが、冒頭のモーツアルトの名言「新しい喜びは、新しい苦痛をもたらす」のごとく新しい試練に直面している。それにしてもこのオペラに例えた発言は恐ろしいほど的確に現在の事態を予言していると思う。

「フィガロ」と「ドン・ジョバンニ」はいずれもスペインを舞台にしたイタリア語オペラである。奇しくも欧州危機の焦点はギリシャ問題がスペインやイタリアのような大国に飛び火するかどうかにある。

「フィガロの結婚」は、主人公が公爵家の女中頭に負っている巨額の借金が結婚の障害になるという「債務問題」を軸として展開する。これはソブリン債務をめぐる欧州の状況そのものである。結局のところ女中頭がフィガロの実の母だったことが判明し、ハッピー・エンドに終わるというストーリーは、イタリアなどが提唱する「ユーロ共通債」(ユーロ一家の助け合い)のアイデアに通じるとも言えよう。フィガロの原作は貴族社会への鋭い批判を通じてフランス革命の導火線となったという見方もある。フランス革命がナポレオンによる欧州統一を経て二一世紀の欧州統合にまで繋がる歴史的意義を持っていることを考えると、通貨統合の立役者の一人であったティートマイヤー氏の発言は軽妙なジョークを装いながら実に深く考え抜かれたものであったのでないかと今にして思う。

一方、「ドン・ジョバンニ」は、欲望の赴くまま酒色に溺れ、神の怒りに触れて地獄に落ちていくという、グローバル金融危機を地でいったような物語である。二〇〇八年一〇月にリーマン・ショック後の混乱が続くニューヨークを訪れた。米政府の金融危機対策法案が紆余曲折を経てようやく議会を通過したが、市場の動揺は収まらず、幹部との面会方々見学したニューヨーク証券取引所のフロアーでは二〇分足らずの間に株価が三〇〇ドル上昇した後、同じ位下落するという究極の「往って来い」相場になった。その時、昭和恐慌と高橋是清を思い浮かべ、アメリカも、誰からも尊敬される大物、例えばポール・ボルカーのような人を財務長官に起用してはどうかと現地の著名アナリストに進言したものだった。ボルカーは財務長官になることはなかったが、金融規制改革の目玉であるボルカー・ルールの提唱者として、ある意味でそれ以上の役割を果たしているのは感慨深い。

ジャン・モネの予言を考えれば、ユーロ圏が二〇一九年の「結婚二〇周年」を無事に迎えるためには、さらなる危機が必要なのかもしれない。

参考文献

Bank for International Settlements Annual Report 2006.
Greenspan, Alan "The Challenge of Central Banking in a Democratic Society" speech at the Ameri-

can Enterprise Institute for Public Policy Research, December 1996 .
Marsh, David "the euro" Yale University Press August, 2011.
White, William "Is Price Stability Enough" BIS Working Papers No 205 April 2006.

（付記）

本章の６節以下は、筆者がかつて執筆した以下のエッセイをもとに加筆修正したものである。株式会社自然総研発行『トイロビジネス』（二〇一二年三月号）「ユーロ危機を考えるヒント」、外国為替貿易研究会発行『国際金融』（二〇一一年九月号）「フィガロの離婚？」を参照されたい。

第2章　欧州統合史から見た通貨統合

廣田　功

近年の「ユーロ危機」の推移は、通貨統合が欧州統合史の本質や特徴に密接に関わっていることをあらためて問いかけている。本章の課題は、単一通貨ユーロの発行に至る通貨統合の歴史を欧州統合史の広い視野のなかにおくことによって、通貨統合の歴史に関わる一連の問題をとりあげ、それらの意味を検討することである。ここでとりあげる問題は、以下の五つである。

第一の問題は、政治統合と経済統合の関連である。政治統合と経済統合のいずれから開始するか、さらに両者の関係をどのように考えるかは、今日の欧州統合に帰結する理念が一九世紀末に登場して以来、いくたびか論じられた基本的テーマである。この問題の根本には国家主権の扱い方があるため、国家主権に関わる通貨問題は、この基本テーマと密接な関連を持っている。

第二の問題は、国民的利益と「欧州全体の利益（欧州益）」の関連である。A・S・ミルワードの指摘以来周知のことに属するが、[1]第二次大戦後の欧州統合の本質は、「国民国家の救済」にあり、したがって国益が統合の推進力であった。しかし統合である以上、国益は「欧州益」を媒介として追求されなければならない。その結果、加盟国間の国益の関係と同時に、国益と「欧州益」の関係が大きな問題となる。また、この問題はナショナリズムと欧州統合の関係という問題にも関連する。通貨問題との関連について言えば、加盟国の国民通貨が国民的アイデンティティーの柱であること、したがって通貨統合が欧州アイデンティティーの形成と結びついていることを考えるだけでも、[2]関連性は明らかであろう。

第三の問題は、経済統合と社会政策ないし「社会的欧州」との関連である。世紀転換期に現代的な欧州統合の理念が登場して以来、統合は、経済的政治的目的と並んで、欧州次元の社会政策ないし社会改革の目標を掲げていた。したがって、「社会的欧州」の追求は、統合の起源以来の目標であったと言うこともできよう。両者の関連は、少なくとも一九五〇年代初頭までは追求されていたが、その後次第に希薄となっていった。(3) この経過を踏まえ、統合プロセスに伴う「社会的次元」の後退において、通貨統合がどのような影響を与えたかが問題となる。

第四の問題は、「エリートの欧州」と「市民の欧州」の関係である。初期の欧州統合は、戦後の特殊な状況の影響を受けて、エリート主導で進められた。この状況は、統合の進展に対する市民の黙認ないし消極的支持に支えられていた。しかし一九八〇年代末からこの状況は変化し始め、統合プロセスに対する市民の積極的行動が見られるようになった。通貨統合の問題は、この変化にどのように関連しているであろうか。ユーロ危機対策が財政赤字国支援に対する市民の態度に影響を受けていることを斟酌すれば、統合への市民の参加は、今日きわめて重要な問題である。

第五の問題は、経済統合の理念である。欧州経済統合が、広い意味で自由主義や競争の確立を目的の一つとしていたことは間違いないが、自由主義や競争は多義的に理解されていた。経済統合の理念は、各加盟国の経済文化の影響を受け、その結果、市場経済や競争の理解にも違いが生じた。経済統合の進展に伴う共通政策の形成は、この違いに起因する対立と妥協の過程であった。通貨統合についても、加盟国の通貨文化の違いから、その過程は異なる理念の対立と妥協の歴史となる。この結果、ユーロへの移行は加盟国に「通貨革命」を含む一連の制度変革を課すことになる。

これらの論点は、いずれも近年進展が著しい欧州統合史研究の分野でとくに強調されてきたことである。欧州統合史を目的論的な単線的な成功物語としてではなく、多くの「危機」を孕んだダイナミックな歴史として描くとき[4]、上記の論点のいずれかが「危機」の根源に見出される。この限りでは、最近の「ユーロ危機」が提起する問題もまた、これまでの「危機」と共通する側面を持っている。本章は、何ら新しい論点を提起するものではないが、通貨統合と関連づけながらそれらを検討することによって、通貨統合の問題の広がりと奥深さを明らかにすることを意図している[5]。

1 政治統合と経済統合

経済統合から政治統合へ

世紀転換期、今日の欧州連合（ＥＵ）に結びつく欧州統合の思想が登場し始めて以来、政治統合と経済統合の関連性は、ほぼ一貫して統合論者の間で関心の的であった。一九世紀末、「欧州合衆国」の問題に関連して欧州統合（当時の表現では統一）を論じたフランスの政治学会の大会において、一部の論者はアメリカ合衆国の急速な台頭に危機感を抱き、欧州大陸レベルで「欧州関税同盟」を結成することによって「欧州大市場」を創設するという形で経済統合の必要を訴えた。[6] この場合、経済統合は政治統合に向かう第一段階と位置づけられていた。爾来、最終目標を政治統合に設定しつつも、経済統合と政治統合の関連が問題として提起されるにいたった。政治統合の理念は、一般に「欧州合衆国」の設立を具体的目標に掲げ、加盟国の国家主権の放棄を要求する連邦主義の思想に依拠していた。

第一次大戦を契機に欧州衰退がより深刻な問題として自覚された結果、欧州統合の課題はますます現実味を帯び始めた。一九二四年、ウィーンを拠点に「汎欧州」運動を旗揚げしたクーデンホフ＝カレルギーの場合、当初、政治統合を優先し、経済統合はその枠内で達成されるものと考えられていた。また、通貨統合（単一通貨の発行）は、国防と並んで連邦政府の権限に属するものとされた。[7]

クーデンホフ＝カレルギが政治統合優先の主張を展開した理由の一つは、第一次大戦の悲惨な経験によって、欧州の平和が差し迫った課題として意識されたからである。しかし一九二〇年代半ばに欧州の政治状況が安定を見せ始めると、統合論者の間で経済統合の重要性が次第に強く意識されるようになった。「汎欧州」運動自体も、一九二〇年代後半になると「経済綱領」を決定した。経済統合の具体的内容は、戦前と同じく、先ず、「欧州関税同盟」の結成を通じた自由貿易の実現であった。さらに、一部の統合論者は、関税同盟の実現を容易にする手段として、産業別の「欧州カルテル」の結成を補完的手段として掲げた。経済統合の目的は、アメリカにならった「大市場」の創出によって欧州経済の発展を実現することだけではなかった。経済統合は、自由貿易を通した各国経済の相互依存の強化が国際平和に寄与するという、自由貿易の政治的効果に関する伝統的な考え方に基づいて、同時に政治的目的とも結びついていた。(8)

重要なことは、通貨統合が経済統合の一要素としてではなく、連邦主義と結びついた政治統合の要素として論じられていたことである。通貨発行権が国家主権の根幹に関わる事柄であり、通貨統合は連邦主義的な政治統合の枠内で実現可能と考えられたからである。

ブリアン提案とその後

一九二〇年代後半、欧州統合運動は高揚を迎え、一〇を超えるさまざまな運動が展開された。その中で、一九二九年九月の国際連盟総会を舞台に時のフランス外相A・ブリアンが行った演説は、戦間期の欧州主義の頂点を示した。演説の中でブリアンは、「一種の連邦的絆」を築く必要を説いたが、それが経済統合優先の立場をとっていたことが重要である。

そこには一九二〇年代後半の状況変化が強く反映されている。とくに一九二〇年代半ばに始まる経済統合運動の高まり、具体的には、国際連盟の枠内におけるジュネーブ経済会議開催と関税引き下げ運動の展開、さらには「国際鉄鋼カルテル」の結成である。他方、こうした経済統合の動きとは対照的に、国家主権の放棄を伴う連邦主義的な政治統合は複雑で困難な課題であることが認識されていった。ブリアンによれば、「明らかに、民間団体がとくに最も切迫した問題である経済の領域において活動している」ことが、経済統合を優先的に進める理由であった。「欧州の経済組織が土俵を準備し、連帯の絆を創出する前に政治組織の結成が可能とは考えられない」。したがって「欧州関税同盟」の枠内で自由貿易を実現し、さらに産業単位の「欧州カルテル」を結成することによって「連帯の絆」を創出することが、政治統合に向けた第一段階と位置づけられたのである。しかしブリアンの経済統合優先の主張は、翌年になると早くも変化を見せる。

一九三〇年五月に国際連盟に提出されたフランス政府の「ブリアン覚書」は、「事実上の連帯」を築く必要を強調しながらも、経済的連帯の前提条件として政治的連帯について語り、「欧州の連邦的連合体制」の構築に至る道として、政治統合優先の立場を表明する。「経済同盟における前進の可能性は安全保障の問題によって決定づけられ、後者は政治同盟の道における前進の可能性と緊密に結びついているが故に」、欧州統合の努力は先ず政治面に向けられねばならない。ブリアンは、国民経済間の接近は連帯する政府の政治的責任の下で実現され、欧州の経済政策は政治面において確立されることを強調する。(9)

政治統合優先の主張と並行して、経済統合の具体的目標も商品の自由な移動から資本と人の自由な移動に広がり、経済統合の形態は「関税同盟」から「共同市場」に変化した。さらにその延長線上で、単一通貨の発行を規制し、欧州の信用政策全体を指導する「欧州連邦銀行」の設立が構想された。ブリアン構想は政治統合優先の色合いを強めるにつれ、経済政策の統一や通貨統合の可能性を論じるに至った。一方、一九二〇年代の経済統合運動において中心的役割を演じた「欧州関税同盟」の構想は、一九三〇年代に入ると「欧州経済・関税同盟」と名称を変更し、共同市場の設立を目標に掲げた。(10)

一九三〇年代には、一般に経済や社会への国家介入の必要が重視され、それに対応して政治統合の重要性が次第に認識されていった。しかし第二次大戦下でナチス・ドイツが追求した「欧州新秩序」は、政治優位の傾向の悲惨な帰結を示す結果となった。

連邦主義と通貨統合

ドイツの占領に反対して欧州各地で展開されたレジスタンス運動とともに、政治統合優先の路線が新たに強まった。第二次大戦下のレジスタンス運動のなかでドイツの侵略をナショナリズムの帰結と捉える立場が支配的となり、その結果、欧州の平和を確立する方法として、欧州連邦による政治統合の必要が訴えられた。大戦末期には各国のレジスタンス運動が結集し、「欧州連邦主義者同盟」（ＵＥＦ）が結成された。

第二次大戦後しばらくの間、政治統合への期待は維持された。一九四八年五月にハーグで開催された「欧州運動」の大会は、大戦期から引き継がれた政治統合重視の流れの頂点であった。しかしハーグ大会は、結局、国家主権への対応と政治統合の性格をめぐる「連邦主義者」と「同盟主義者」の対立から統一的な方向を提起することはできなかった。

重要なことは、一九四〇年代後半には多くの統合論者が通貨統合の必要を主張していたことである。後にノーベル賞受賞者となる鉱山学校のエコノミストＭ・アレは、一九四七年八月、ＵＥＦの第一回大会において「連邦主義の経済的側面」について論じ、戦前まで欧州統合の具体的形態と看做されてきた関税同盟とカルテルを批判して、「単一の欧州経済の実現」のために経済に対する政治の優位を説き、「政治的統一」を前提として単一通貨の導入を説いた。ハーグ大会の「経済社会委員会」において通貨問題が議論された時にもアレは、通貨統合の障害を除去するために政治統合の即時実現が必要であると訴えた。財務監督官、フランス銀行副総裁等を歴任したＪ・リュエフは、同じ委員会において、「通貨共同体」なくして、「欧州連合」はあり得ないことを指摘し、「先ず通貨統合」の立場を鮮明に打ち出した。彼によれば、「ポジティブな仕事を行うためには、その計画に最初から、つまり通貨の側面から、取り組むことが必要であり」、「真の単一通貨の再建が欧州建設をめざす政策の第一条件」であった。政治統合優位を主張するアレとは異なり、リュエフにとって、欧州域内に通貨安定の枠組みを創出することがすべての出発点であった。通貨統合委員会の議長を務めたベルギーの連邦主義者V・ゼーラントは、両者の中間的立場を表明した。彼は政治の優位を認めつつも、欧州組織化の最初の課題は、「国際通貨秩序を規制し、交換性復帰を保障すること」であると指摘し、通貨統合を「地域的連合体」を基礎に漸進的に進めることを提案した。(11)

マーシャル・プランと欧州の復興・統合

しかし連邦主義的な欧州運動による政治統合優先の路線は、結局、統合の方向を決することはできなかった。前述した運動の内部対立に加えて、各国の戦後経済復興の過程と緊密に結びつきながら、ブレトンウッズ体制の枠内における国際経済秩序の再建と米ソ冷戦の勃発という世界的な政治経済秩序の転換の下で、新たな統合の方向が現実化されたことが、より根本的な要因であった。ハーグ大会において、欧州の自立性確保の観点から、フランス代表の一人が「欧州通貨基金」の創設と単一通貨の構想を表明したとき、それは「グローバル化・アメリカ化の支持者の怒りを買い、ブレトンウッズ協定優先を擁護する人々の中に怒号の嵐を引き起こし」、結局、委員会は、「欧州通貨同盟とブレトンウッズの制度との間の有害な競争を避けるために」、欧州通貨基金の提案を否決したという。[12] この経緯は、すでに大会的前後から別の復興・統合の構想が具体化されつつあり、次第に「第三勢力の欧州」という自立的構想の可能性が著しく狭まりつつあったことを如実に物語っている。

一九四七年五月のアメリカ合衆国によるマーシャル・プランの発表は、欧州運動の方向とは異なる新たな方向を具体化させる重要な契機となった。マーシャル・プランは、ドイツ経済の復興を梃子として欧州経済の復興を軌道に乗せることを直接の課題としていたが、同時に、アメリカの経済・企業・社会モデルの欧州への移植（いわゆるアメリカ化）を意図し、その一環として経済成長に支えられた「豊かな社会」を実現する条件として、「大市場」の形成を目的とする欧州経済統合を要求した。また、ブレトンウッズ体制への欧州の参加の条件を整備することもプランの目的であった。[13]

アメリカの政策ならびにブレトンウッズ体制と同調的な方向は、二つの影響を及ぼした。第一に、マーシャル・プランを契機として各国の経済復興が軌道に乗り、各国の復興政策とリンクする形で経済統合の重要性と現実性が高まった。[14] これは経済統合優先の方向を強める結果となった。同時に、経済復興政策をリードする経済官僚が統合のアクターとして重要な役割を担うことになった。[15] 第二に、一九五〇年の「欧州支払同盟」（ＥＰＵ）設立によって欧州域内通貨の交換性が回復し、域内通商関係回復の条件となる通貨安定が、ブレトンウッズ体制の枠内で、アメリカ主導で動き出した結果、欧州独自の通貨安定制度を追求する必要が低下していったことである。

マーシャル・プランは、フランスのドイツ政策の転換を促し、「ドイツ弱体化」から「仏独和解」への転換が確定的となった。これが一九五〇年五月に発表されるシューマン・プランに帰結することは周知のことであろう。「欧州石炭鉄鋼共同体」ＥＣＳＣの発足（一九五二年）をもたらしたシューマン・プランは、フランス経済の復興・近代化の政策を遂行する「計画庁」長官のＪ・モネと彼の協力者よって作成された。[16] それは「ルール資源の共同管理」を軸として、欧州統合とフランス経済近代化の課題を接合した点に特徴がある。

経済統合を通じた政治統合

シューマン・プランとともに、政治統合と経済統合の関係は再び逆転し、一九二〇年代に支配的であった経済統合から政治統合へという方向が明瞭となった。政治統合優先は放棄された。しかしそれは政治統合の放棄ないし無期延期を意味したわけではない。

シューマン・プランは、ブリアン構想を想起させる「事実上の連帯という具体的実績の積みかさね」から着手することを提唱した。「仏独和解」を軸に「仏独の石炭と鉄鋼の生産全体を共同の最高機関の管理の下に置く」という提案は、その具体策に他ならない。「事実上の連帯」の基礎が関税同盟から石炭・鉄鋼の共同管理に変わったとはいえ、「事実上の連帯」を起点とする限りにおいて、経済統合優先の立場である点に変わりはない。またシューマン・プランは、戦中・戦後に影響力を持った連邦主義的な政治統合論の影響を色濃く残していた。それ故、プランによれば、石炭・鉄鋼の共同管理は、「欧州連邦の実現に向けた第一歩となる経済発展の共通基盤」を築くことを目的としていた。プランは政治統合を放棄したわけではなく、それに至る一段階として経済統合による「事実上の連帯」を訴えたにすぎない。シューマン・プランに続いて、統合理論が「(新) 機能主義」と呼ぶ考え方が強まり、農業、交通、保険等の諸分野でも「事実上の連帯」を形成する構想が提唱された。経済的な連帯の分野が累積される先に、政治統合の実現が展望された。

モネにとって、ＥＣＳＣは「政治的目標を持つ一種の経済的連邦」であった。彼は、ＥＣＳＣを「欧州合衆国の最初の砦」と看做していた。それ故、ＥＣＳＣ最高機関の委員長の職を去った後、一九五五年に「欧州合衆国のための行動委員会」を設立した。「政治的連合の緊急性がどうあれ、またすでに実現された進歩の重要性がどうあれ、階段を跳び越えることが可能には見えない。将来の政治的統一は、経済的連合が日々の農工業や行政の活動の中に実際に参加するかどうかにかかっている。共同体の活動が確立されるにつれて、すでに現れている人間の間の絆と連帯が強まり、広がる。この時、現実そのものがわれわれの共同体の目的である政治的連合、すなわち欧州合衆国を引き出すことを可能にするであろう」。経済を通じた統合の道、経済統合優先は、当面、政治統合が不可能なことへの対案であり、政治統合への移行の手段であった。[17]

経済統合優先論の定着と政治統合の放棄

しかし経済統合から政治統合への移行という展望は、結局、想定通りには進まなかった。この想定に基づいて構想された二つの政治統合の試み、すなわち防衛共同体と政治共同体は、一九五〇年代半ばまでにいずれも挫折した。[18]

「欧州防衛共同体」（ＥＤＣ）は、朝鮮戦争勃発を契機に、ドイツ再軍備に対するアメリカの要求を受け入れる枠組みとしてモネ等によって考案され、ＥＣＳＣ加盟国軍隊の指揮権の統一と欧州軍の創設を骨子としていた。一九五二年五月に調印された欧州防衛共同体設立条約（パリ条約）は、フランスを除く五ヶ国によって批准された。ＥＤＣの組織はＥＣＳＣをモデルにしていたが、ＥＣＳＣに比べれば超国家性は後退していた。しかし一九五四年八月、フランス国民議会は条約を否決したため、結局、ＥＤＣは流産に終った。一方、ＥＤＣに対応した超国家的政治組織の形成を目的として一九五三年春に発表された「欧州政治共同体」（ＥＰＣ）設立案は、住民の普通選挙によって構成される議会と各国議員から選出される議会の二院制議会と共同体の統治のための欧州執行評議会の設置を骨子としていた。これは一種の連邦主義的な政治統合の試みである。しかしＥＤＣの流産は、当然、ＥＰＣの消滅に帰結した。

超国家的政治統合に関わるＥＤＣとＥＰＣの経験は、フランスを中心に、国家主権の放棄に対する反対が依然根強いことを示した。この挫折体験は、統合論者の間で、政治統合の実現は当面困難であるとの判断を強める結果となった。シューマン・プランの発表段階で想定されていた、経済の諸分野における「事実上の連帯」の累積を基礎として経済統合から政治統合に短期間のうちに移行するという二段階統合論は暗礁に乗り上げた。一九五四年八月のＥＤＣ流産は、欧州統合の「危機」と看做され、早くも統合の展望に関する悲観論も現れ始めた。

この状況に対して、一九五五年六月、ＥＣＳＣ加盟六ヶ国はメッシナ会議において「統合の再開」について議論した。これを契機として統合は再び動き出すが、その際、重要な転換が生じた。一つは、防衛共同体の流産の責任を負ったフランスが統合の主役の座を維持できなくなったことである。代わって、ベネルクス諸国が当面「統合の再開」をリードすることになった。それはモネに代表される機能主義的統合論の影響力の低下、したがって政治統合の後退を意味する。第二に、政治統合の課題を事実上棚上げし、当面、経済統合を強化することが目標となった。

メッシナ会議は、統合「再開」の具体的方向について、ベルギー首相スパークを委員長とする委員会に検討を委ねた。一九五六年五月に提出された「スパーク委員会報告」は、経済統合優先論を明瞭に打ち出した。同時に、重要なことは、経済統合の内容が経済の全分野を包摂する「全般的共同市場」の設立と規定されたことである。この結果、経済統合の内容は、「物・人・金の自由な移動」の枠組みを創出することと同一視された。たしかに、一見したところでは、「共同市場」の創設を提唱している点で、スパーク報告はブリアン構想と共通している。しかし政治統合への連続的移行を視野に入れているか否かで両者は決定的に異なっていた。また、当面の目標から政治統合が排除された結果、ブリアン構想に含まれていた「単一通貨と欧州連邦中央銀行」の構想も排除された。

欧州支払同盟と通貨統合

一九五〇年五月、欧州域内通貨の交換性を回復し、域内貿易の発展をもたらすために、OEEC諸国は、マーシャル・プランとリンクしてアメリカの資金援助の下に「欧州支払同盟」(EPU)を結成した。[19] EPU設立は、一九三〇年代以来続いてきた双務的支払いに代わって支払いの「多角化」を実現した。その結果、一九五〇年代後半から欧州域内貿易は急速に発展した。

EPUは、欧州通貨の域外通貨との交換性回復までの一時的機構と考えられていた。

一九五五年八月にはＥＰＵの廃止を見越して「欧州通貨協定」（ＥＭＡ）が締結され、同時に、域内為替相場の安定のために、「欧州通貨基金」の設置が予定された。

結局、一九五八年末に交換性回復が達成され、ＥＰＵが廃止されたことに伴い、ＥＭＡはＥＰＵの通貨準備を引き継いで発効した。その結果、その為替市場介入能力は限定され、期待された連帯の効果を上げることは出来なかった。この間、ローマ条約交渉が進行しているが、その過程では、ＥＰＵの存続ないしＥＭＡとの交替が想定されていた。

欧州通貨の交換性回復とともに、ブレトンウッズ体制は本格的軌道に乗り、第二次大戦後の国際経済秩序の特徴となるドルを基軸通貨とする通貨安定が動き出した。この動きによって、「全般的共同市場」の健全な運営に不可欠な通貨安定は保障されると看做された。それ故に、ローマ条約は、「加盟国の経済・通貨政策の調整の促進」とそのための「諮問的性格の通貨委員会」の設置だけを掲げ、「事実上、通貨の要素は条約から排除された[20]」。この決定の背後に、根強い「国家主権への執着」があったことは言うまでもない。

ＥＥＣ前後の通貨統合

メッシナ会議以後の経済統合優先路線の定着とブレトンウッズ体制による通貨安定に伴い、公式には通貨統合の可能性は消えていったが、この状況の下でも引き続き通貨統合の必要性を訴える声は続いた。J・モネの協力者の一人P・ユリは、メッシナ会議に当り、「共同市場の創設に並行して単一の通貨発行まで行く」必要を指摘していた。同じ頃、モネは、「欧州合衆国のための行動委員会」の目的に通貨統合の推進を掲げ、具体的政策として、「欧州中央銀行、欧州準備基金の設立、共通財政政策の確立」を掲げた。

ベルギーのエコノミストR・トリフィンは、ドルから自立した欧州固有の通貨制度の必要を訴えた。トリフィンは、ブレトンウッズ体制の脆弱性を指摘し、欧州経済が欧州自身によってコントロールできない国際通貨制度に依拠する現状の危険性を強調した。彼は、ドルから自立した通貨制度を創設すべきと考え、共通通貨を伴う「欧州通貨同盟の段階的設立」を提案した。

EEC設立後も、通貨統合を求める声は続いた。例えば、一九五九年、モネは、資本移動の自由化とともに、六ヶ国通貨の固定相場を確保するために、予算政策と信用政策の調整、為替準備の集権的管理を提案した。一九六一年、前出の「行動委員会」は、共通金融政策と共通通貨への序曲として、六ヶ国の「通貨準備同盟」の設立を訴えた。しかしモネの訴えは、ドイツによって斥けられた。[21] また、一九六二年に欧州委員会はOEEC事務局長のR・マルジョランの責任で作成された覚書を発表するが、そこでは域内為替相場の持続的安定のために「欧州通貨圏」形成の必要が指摘されている。しかしこれらの提案は当面実施されずに終わった。こうしてEEC発足とともに、政治統合の役割は後退し、市場競争を通じた「消極的統合」の色合いが強まっていった。

国際通貨危機と通貨統合問題

通貨統合の問題は、一九六〇年代末の国際通貨危機の勃発とブレトンウッズ体制の動揺によって、あらためて提起される。しかしそれは、統合開始時点とは異なるコンテクストの下において提起された。

経済統合優先の道が続くうちに、モネの機能主義的方法の予想に反して、政治統合は次第に視野から消えていった。その根本原因は、経済統合が市場を基盤として生産要素の自由な移動を実現する「消極的統合」、「自由主義的統合」を中心に進められたからである。この方法によれば、政治的統合は言うに及ばず、政治の役割は極小化される。この立場にとって、市場による調整が絶対視され、その結果、政治に訴える可能性と必要は基本的に排除される。

それでもなお経済統合は政治統合を媒介する標的と看做されうるのだろうか。それは欧州統合の「アリアドネの糸」だろうか。一九五〇年代・一九六〇年代にはなお政治統合が考えられ得た。しかしその後、自由主義的方法による経済統合が強まるにつれて、政治統合の可能性はますます遠のいていった。モネなど統合の「創始者」の考えでは、経済統合と政治統合の関係は、経済統合による経済的依存・連帯の事実の累積が欧州政治意識の胚胎をもたらし、政治統合に帰結すると捉えられていたが、経済統合の半世紀の現実は、この展望に反するものとなった。政治統合の展望から切断されて「国家なき通貨」として発行されるユーロの弱点は、とくに一九八〇年代以後顕在化する新自由主義的な経済統合路線の展開と並行して強まることになる。

2 国民的利益と欧州の利益

ナショナリズムの再評価と統合路線の変化

世紀転換期から第二次大戦末期に至るまで、アメリカを中心とする新興国の台頭に直面し、欧州全体の衰退を阻止し、平和を実現することが統合の目的となった。統合論者にとって、欧州全体の利益を追求することが先ず関心の的であった。通貨統合も欧州全体の利益の観点から、連邦主義を基礎として提起された。フランスの商務大臣E・クレマンテルのように、経済近代化の実現という国益を欧州全体の利益と結びつける立場は、当初、統合論者の中で例外的であった。[22]

しかし一九三〇年代の大不況期になると、ナショナリズムと国益を軽視する統合構想の非現実性が指摘され始める。アナール派の創始者の一人、歴史家L・フェーブル、地域主義者の歴史家H・オゼール、人文地理学者のA・ドゥマンジョン等は、一九三〇年代初頭、ナショナリズムと国益を基礎においた統合構想の現実性を強調した。大不況の続く中でナショナリズムが時代の大きな流れとなるにつれ、この傾向は次第に強まっていった。左翼の政論家F・ドゥレジは、自国の失業対策の一環として、欧州レベルの土木事業計画の遂行を提案した[23]。社会主義者A・トマは、ILO事務局長としてドゥレジの提案を支持し、インフラ整備を具体的内容とする欧州次元の土木事業計画の実施を訴えた[24]。こうして連邦制による政治統合の困難が明らかとなるにつれ、国益と両立しやすい経済分野における統合の可能性が本格的に論じられ始めるようになった。こうした背景の下で、この時代、国際連盟やBIS（国際決済銀行）などの国際機関においても、通貨協力や経済政策の収斂の必要性が議論され始めた[25]。

一方、統合の具体的形態については、一九二〇年代まで主要な形態と考えられてきた「大陸欧州関税同盟」に代わり、経済的利害が一致しやすい複数の「地域関税同盟」が主流となった[26]。この変化は、ナショナリズムの再評価という時代精神の影響なしに考えられないことであった。

また、国益の重視を起点にして統合が構想されるにつれ、統合のアクターとして官僚層の役割が次第に強まっていった。第一次大戦後、輸出志向の新戦略に対応して伝統的な保護貿易政策の再検討が始まると、商務省官僚を始めとして官僚層の中にも欧州主義者が出現した。一九三〇年代に入ると、国家介入の強化の流れを受けて、この傾向はさらに強まった。彼らは、世界的な保護主義の流れに抗して欧州域内の自由貿易協定を追求するベルギーのV・ゼーラントに合流した。[27] 例えば、第二次大戦後の統合の実現過程で重要な役割を担う経済・財務省「対外経済関係局」OREEは、この延長線上に成立した。[28]

戦後復興政策と統合

以上の傾向は、第二次大戦末期にさらに強まった。大戦末期になるとドイツに占領されていた国々において、戦後の復興政策の検討が本格的となり、それと関連づけて統合の必要性が論じられた。[29] 第二次大戦期は、一般に、レジスタンス勢力の間でナチスの侵略と結びつけてナショナリズム批判が高まり、それが国民国家批判と欧州の政治統合・欧州連邦の要求に帰結したと理解されている。しかしこれは事実の一面にすぎない。

他方では、第二次大戦期には各国の戦後復興政策と結びつけて統合を位置づける立場が強まった。この立場においては、連邦主義の立場とは違って、ナショナリズムと国益は、それ自体が批判の対象ではあり得ない。そこでは自国の経済的衰退の阻止や経済発展・近代化の目標を基礎に置きながら、それと結びつけて欧州全体の衰退阻止や経済発展が提唱された。

後に「欧州の父」と呼ばれるフランスの官僚J・モネの立場は、この典型例である。モネはすでに第二次大戦末期、後のシューマン・プランを想起させる形で欧州全体の経済発展ためにドイツのルール資源を活用する必要を説いていた。しかしこの時点では、まだこの構想は国益と直結されておらず、またドイツ問題について「仏独和解」の立場が表明されてはいない。しかし戦後、計画庁長官としてフランス経済復興・近代化の政策の責任者となると、彼は、いわゆる「モネ・プラン」（近代化・設備計画）の遂行の不可欠の要素としてルール炭を確保し、ドイツ製造業に対抗する条件を整えるための枠組みとして欧州統合を位置づけた。さらに、マーシャル・プランに示されたアメリカの政策転換をうけて、「仏独和解」に舵が切られ、シューマン・プラン発表・ＥＣＳＣ設立へと進んだ。

このように第二次大戦後の統合は、経済復興政策と結びつけられ、国益擁護を前面に押し出すに至った。Ａ・Ｓ・ミルワードの言う「国民国家の救済」が統合の本質となった。

国益の調整・妥協と通貨統合

欧州統合の基本的動機が「国民国家の救済」であるとすれば、復興政策の課題とその優先順位、政策理念の違い等の理由から、各国の国益の調整・妥協が大きな問題となる。その結果、欧州全体の利益に関わる条約についても各国の利害が衝突し、その結果、妥協が成立し、条約が締結されるまでに時間を要することになる。また、いったん締結された条約についても、しばしば解釈の違いが生じることがある。合意を急ぐあまり、曖昧な形で「解決」が行われることもある。

このような例は、統合の歴史において決して稀なことではない。例えば、シューマン・プラン発表からECSC設立に関するパリ条約の締結に至る交渉では、産業のカルテルと集中排除をめぐり利害調整が難航した[30]。その結果、パリ条約の解釈については、大きな「勘違い」が生じた[31]。EEC成立に関するローマ条約の交渉においては、自由貿易に不安を抱くフランスとの利害調整が大きな課題となった[32]。この二つのケースでは、ドイツ産業の競争力に対するフランス産業界の恐怖感・劣等感が根本的理由であった。

一九七〇年代の通貨協力、一九八〇年代の単一市場の形成、さらに一九九〇年代の通貨統合についても同様のことが繰り返された。しかも、妥協である以上、実際には各国の力関係が影響し、ある国の立場が優位に立つことになる。これらのケースについて逐一立ち入る余裕はないが[33]、基本的傾向を要約すれば、次第にドイツの立場と国益がこの妥協の過程をリードするようになった。その主たる理由は、ドイツ経済のパフォーマンスが良好であったことに加えて、後述するように、ドイツの社会的市場経済の理念が戦後の統合の基本的性格にマッチしていたことにあると考えられる。

次に、こうした国益の妥協に関わる問題を通貨統合・ユーロ発行に即して確認しよう。周知のように、単一通貨発行への道は、J・ドロール（欧州委員会委員長）の主導の下に、一九九二年調印のマーストリヒト条約によって示された。この展望を連邦主義の発現と評価することはできない。単一通貨ユーロの創出は、まず、フランスの国益によって説明される。フランスは「欧州通貨制度」ＥＭＳの強い通貨マルクの支配から解放されるために単一通貨の思想を考えた。ドイツの中央銀行「ブンデスバンク」の支配に服するより、超国家的な単一の中央銀行に服することを選んだのである。

さらにフランスは政治的理由からドイツが望む通貨規則を甘受した。この選択は、ベルリンの壁崩壊の帰結であった。この地政学的変動によって、統一を契機にドイツが東方に向かう恐れがあると受け取られ、ドイツに未来は欧州統合の中にあることを説得する必要があると考えられた。こうして、フランスは全面的にドイツの要求に沿った通貨統合を受け入れることで妥協した。もともと、フランスは欧州中央銀行（ＥＣＢ）の政府からの独立に反対であった。当時のフランスは、政府によってコントロールされた介入主義的な通貨政策の原則を堅持していたが、結局、フランスはドイツの欧州定着を強化するために通貨に関する伝統的立場を放棄した。フランスはＥＣＢの独立の地位を認め、物価安定を金融政策の第一目標とすることを受け入れたのである。

他方、ユーロのためにマルクを放棄したドイツの選択も、欧州全体に自国の通貨文化を押しつけることによって、国益を優先させた[34]。言うまでもなく、物価安定・通貨安定を根本的価値とみなすことは、ドイツに固有の歴史に根を下ろした独自の制度・文化である。こうして全体を調整する「経済的政府」が不在のもとで、ドイツの制度・文化がそれぞれ独自の制度・文化を持つ加盟国全体の動向を決定づける構図が生み出された。これが近年のユーロ危機の根源に関わる問題となっていることは周知のことであろう。

3 経済統合と社会改革

第二次大戦前の統合構想と社会的欧州

欧州統合は、元来、政治統合と経済統合に加えて社会的次元を含む三位一体の構造として構想されていた[35]。政治統合と経済統合が一体として考えられていたことは良く知られているが、社会的次元との関係は看過されることが多い。しかし世紀転換期から、統合論者にとって、経済統合の進展と並行して労働条件を改善し、国民の生活水準の向上を実現することが重要な課題であった。しかしこの領域においても、第二次大戦後の統合の現実はむしろ当初の期待に反する方向に向かい、結果として「社会的欧州」の実現は今なお不透明なままである。

世紀転換期、統合論者の間では、経済統合の進展による市場・競争の拡大に対応して労働者の労働・生活条件が引き下げられることへの懸念が生まれ、それを防ぐ手段として、欧州レベルで労働・社会立法や社会的保護の制度の統一に向けた取り組みが開始されていた。このような考えは、「労働者の法的保護のための国際協会」が結成されたことの背景の一つでもあった。協会は、貿易・投資の拡大や人の移動の増加を通じて諸国民経済の相互依存が深まる状況の下で、競争によって労働・生活条件が悪化することを防ぎ、先進的な労働・社会基準の方向で収斂することを目標に、一種の情報交換の機関として設立された[36]。改良的社会主義者Ａ・トマを核として形成され、労働・社会改革のために活動する人々の一部は、社会問題の「欧州的解決」を支持した[37]。ベルギー社会党のＨ・ドゥニは、自由貿易協定に関連して、労働者保護と労働法の統一の必要を説いて統合の経済的次元と社会的次元を結びつける必要を強調した。自由貿易による「市場の欧州」の進展に、社会的観点から「組織された欧州」が対置されたのである[38]。

Ａ・トマは、第一次大戦後、国際労働機構（ＩＬＯ）の事務局長に就任する一方、一九二四年、英仏独伊・ベルギー五ヶ国の八時間労働法の共同批准に取り組み、これを皮切りに欧州諸国の「社会的調和」の追求に乗り出した。労働時間や社会立法の統一に基づく競争条件の均等化は、経済統合の前提条件であり、それなしに統合が社会的ダンピングに帰結することが懸念された。しかし彼の主張は国際機関では理解されず、この試みは挫折を余儀なくされた。

トマの影響を受けて、一九三〇年、国際労連は、欧州の経済的分断が資源の合理的活用と生活水準の向上を阻害しているとみなし、欧州経済統合への支持を表明した。この時代の一部の社会主義者や労働運動指導者にとって、経済統合は一種の「社会的欧州」の条件である生産の合理化や経済発展をもたらす手段と考えられていた。一九三〇年代不況期のトマの活動は、このような戦前来の彼の立場の延長であった。またブリアンは、自由競争が競争力の弱い国に犠牲を強いることを懸念し、各国政府の政治的責任のもとで、「欧州共同体全域における福祉レベルの向上」をもたらす必要を指摘していた。(39)

経済統合の進展と社会的欧州

第二次大戦後、欧州諸国で福祉国家の建設に対する関心が高まるにつれ、社会問題に対する関心が高まった。この状況を背景として、欧州運動のハーグ大会は、社会問題委員会を組織し、統合の社会的側面を論じた。この議論は、「欧州審議会」の発足に帰結した。(40)同じ頃、ベネルクスの社会党系労組は、経済統合が、税や社会面での競争条件の漸進的統一と並行して進められることを要求した。(41)ただし、各国の社会的保護の制度が多様であるために、社会問題の解決は基本的に各国単位で取り組むべきものと考えられていた。

シューマン・プランとＥＣＳＣは経済統合に伴う労働者保護と生活水準切り下げに対する対策に着手した。シューマン・プランは、石炭鉄鋼の共同市場を設立する目的の一つとして、「進歩の方向での労働者の生活の均等化」を掲げた。ＥＣＳＣ設立のためのパリ条約の交渉に際して、一部の国の代表団には労働組合指導者が参加した。条約は、労働者の労働・生活条件の改善と進歩の方向での均等化を掲げた。これをうけて、ＥＣＳＣは、競争と合理化から労働者を保護するために「適応基金」を設置し、労働者の職業訓練や労働者の住宅建設を支援した。ＥＣＳＣの最高機関にはドイツとベルギーから労働組合代表が参加し、さらに「社会問題委員会」は、共同市場に対応した労働者保護のための政策の立案に際して、社会的パートナーの参加・協力を制度化し、「社会的対話」の必要を訴えた。石炭・鉄鋼の両部門において、「適応基金」は無視しえない活動を展開した。こうしてＥＣＳＣは「欧州社会政策の兆し」と評価されることになる(42)。

しかしスパーク報告からローマ条約交渉の過程で重要な変質が生じ、社会的側面に対する関心は、後退をし始めた。共同市場設立に伴う自由競争の強化がもたらす労働条件・生活水準の引き下げの懸念に対する対策は後退したのである。交渉の過程で、相対的に労働条件の良いフランスは、ドイツ工業の競争力に対する不安を背景に、競争条件の均等化を根拠に「社会的負担の調和」を共同市場受け入れの条件として主張した(43)。この主張は、自由競争が社会的ダンピングに帰結する不安から労働法制の均等化を要求した戦前のトマ等の理念を継承したものと評価できる。

しかしフランスの主張は、社会的負担の上昇が企業の競争力の低下をもたらすことを恐れるドイツの反対に直面した。経済相エアハルトによれば、社会的調和や格差の是正は共同市場の前提条件であってはならず、共同市場の順調な運営の帰結として達成されるものであった。ドイツの立場はＩＬＯ報告によっても支持された。「共同市場は加盟国間の社会保障制度や労働立法の調和を必ずしも意味しない」ことが、スウェーデンのエコノミストＢ・オーリンの手になる一九五六年のＩＬＯ報告によっても認められた。(44) フランスの「競争条件」を歪めるような悪い労働条件の場合を除き、認められないことが明白となった。

ローマ条約とＥＥＣは、この立場を継承した。共同市場設立が「諸国民の生活条件と雇用条件の持続的改善を目的とする」ことを謳いながらも、「共同市場の働きに対する信頼こそ社会的調和を進める」という立場が公式見解となった。「社会的調和」は共同市場の実現の帰結として達成されるものと位置づけられたのである。

一方、ドイツ工業との競争に対するフランスの不安は、国際収支悪化に対する「セーフガード条項」の承認という形で一応の「解決」を与えられた。この結果、自由競争を産業の合理化・近代化の梃子として進める一方、労働者保護のために共通社会政策に取り組む可能性は、さし当り断たれたのである。もちろん、戦後、西欧諸国が福祉国家を建設しつつあったことは、戦前との根本的な相違点であり、社会政策を基本的に加盟国の管轄に委ねることに、根拠がないわけではない。とはいえ、超国家的次元の社会政策の観点からすれば、ＥＥＣがＥＣＳＣと比べて、後退を示したことは疑いない。

ＥＣＳＣと比べた後退は社会的パートナーとの対話の面でも看取される。ローマ条約交渉は、モネの要求に反して、労使代表を始めとする「社会経済的勢力」の参加を排除し、官僚・政治家の手で進められた。これらの勢力の参加によって、市場の自由な働きを阻害する規定が盛り込まれることが懸念されたからであった。さらに、社会的分野において超国家的制度が設置されることへの懸念も一因であった。ＥＥＣ発足とともに、ＥＣＳＣの社会問題委員会を引き継いで、「社会経済委員会」が設置されたが、その権限は縮小された。その結果、一九六〇年代に入ると、自由主義的アプローチに従って関税同盟の建設がすすめられ、欧州次元での労使組合の影響力が行使される余地が狭まるにつれて、社会経済委員会の存在も次第に形骸化していった。(45)

一九七〇年代以後の変化とその限界

一九七〇年代に入ると欧州レベルの社会政策は新たな展開を示し、「転換」の兆しが現れた。いわゆる「空席危機」に象徴された、一九六〇年代後半の統合の危機的状況の打開と「統合の再出発」をめざして一九六九年一二月に開催された「ハーグ首脳会議」が、統合の「深化」を打ち出し、それまでの「市場を通じた統合」(「消極的統合」)優位の流れを修正する状況が生まれたことが背景にあった。[46] さらに一九七三年の石油危機勃発とその後の経済危機の影響で生じた失業増加が新しい政策を要求した。

ＥＣＳＣの「適応基金」を継承してＥＥＣの下で設置された「欧州社会基金」は、産業再編に伴う失業・雇用対策や職業訓練の課題に対処することになった。社会基金は、たびたび改革を重ねた。とりわけ一九八七年に「単一市場」形成に向けた動きが始まると、新たな次元を獲得する。それは「経済的社会的結束」を実現するための「構造基金」の一つとして位置づけられ、重要な制度的位置を認められた。社会的基金がＥＣ／ＥＵ予算全体の中で占める割合も次第に増加していった。単一市場の形成は、非関税障壁の撤廃により域内における自由貿易・自由競争を強めた。この代償として、欧州委員会委員長のＪ・ドロールの主導の下に、「社会的対話」の制度は強化され、労働者の権利保護のために「欧州社会憲章」が制定された。[47]

しかし、経済統合と社会的欧州の関連という本質的観点から見ると、半世紀に及ぶ統合史の過程は全体として「社会的次元の後退」と評価されよう。一九五〇年代初頭の統合開始の時点では、経済統合の進展に伴う社会政策の調和が構想され、経済問題と社会問題は意識的に結びつけられた。この方向は、ＥＥＣの下で後退を見せたが、それでも男女賃金の平等や有給休暇については一定の調和が実現された。次いで、単一議定書・単一市場の制度化による経済自由化・規制緩和の進行に対応して、Ｊ・ドロール主導の下で新たな社会政策が取り組まれた。彼の当初の期待は、介入主義と自由主義という二つのヴィジョンの間のバランスを確立することであった。しかし結局、新自由主義の優位の下で、この期待は挫折を余儀なくされた。さらに、通貨統合はこの方向を強めることに作用した。第二次大戦後の福祉国家と混合経済が広く受け入れられていた時代との根本的決別が問題となり、欧州レベルの社会政策の取り組みは弱められ、社会政策は基本的に各加盟国の課題に任された。単一市場の完成とともに成立した欧州連合（ＥＵ）の下では、ドロールの努力によって欧州レベルの社会的対話の制度化や社会憲章の制度化が達成されたとはいえ、欧州社会政策は、経済自由化政策を埋め合わせる位置に引き下げられた(48)。

さらに、一九九七年調印のアムステルダム条約とともに、欧州社会政策の新たな変化が始まった。二〇世紀初頭以来、欧州統合の一環と考えられてきた社会的調和の理念は実質的に放棄され、多様な社会的制度の共存が認知され始めた。社会的調和に代わって社会的調整が基本的な考えとなった。経済のグローバル化の下で欧州経済の成長を促すことが最大の課題となり、それに伴い、社会政策は経済的競争力の道具と看做されるにいたった。その結果、社会政策について、市場経済のダイナミズムを阻害しないように変化させることが重視され、伝統的に経済統合に伴って回避すべき危険と考えられてきた社会的ダンピングの可能性さえ無縁のものではなくなった。社会政策が経済的競争力強化の道具と看做された結果、加盟国のさまざまな社会制度の間に競争が持ち込まれ、経済的競争にとって有利な制度が優位に立つ傾向が見られ、福祉国家の非効率性、労働市場の柔軟化、リスクの個人化という三つの理念が強まりつつある。欧州統合の「創始者」が描いた経済と社会のバランスの夢は遠のいていった。[49] 周知の「民主主義の赤字」に模して言えば、「社会の赤字」が統合史の特徴の一つとなった。この過程において、通貨統合の実現に際して一九九六年に合意された「安定成長協定」が課した緊縮予算と社会的支出の削減が、加盟国間の社会制度の違いを強める一連の「拡大」、とりわけ二〇〇四年のいわゆる「東方拡大」とともに、重要な影響を及ぼしたことは明らかであろう。

4 エリートの欧州と市民の欧州

エリート主導の統合

欧州統合の歴史は、統合の「創始者」と呼ばれる少数の個人を中心とし、さらに加盟国の国益に基づいて統合政策を立案・実施する政治家や官僚層によって基本的に動かされてきた。この意味で、統合史はまず「エリートの欧州」であった。問題は、彼らが作る欧州が市民の期待に応えるものであったか否かである。ここから「エリートの欧州」と「市民の欧州」の関係という問題が提起される。

第一次大戦後、欧州統合の必要が社会的に認識され、欧州の共通利害に対する意識が生まれ、「欧州アイデンティティー」が成立する。[50]クーデンホフ＝カレルギーは、このアイデンティティーを基礎に、彼の「汎欧州」運動に市民の参加を得るべく各国に支部を結成した。しかし運動の広がりは政財界、官界の指導者を大きく超えるものではなかった。戦間期を通じて、「欧州関税同盟」を始め、約一〇の統合運動が誕生したが、いずれも市民的基盤を獲得することはなかった。

第二次大戦期のレジスタンス運動は、基本的に愛国主義的運動であったが、その一環として欧州の平和に対する希求を基礎に政治的統一＝欧州連邦の結成への期待が高まった。レジスタンス運動の広がりに対応して、統合運動は一定の市民的基盤を持ち得たと言えるかもしれない。しかし問題はそれほど単純ではない。

たしかに、独裁体制に対する批判から、第二次大戦後、統合の目的に「民主主義の擁護」が新たに加わった。これは統合運動に市民の参加を促す効果を持つであろう。他方、第二次大戦期、ヒトラーが「欧州新秩序」を掲げ、ドイツと周辺諸国の間の支配＝従属関係に基づいた統合を追求した結果、戦後一定期間、市民の間で、欧州統合はマイナス・イメージを与えた。[51]また、冷戦が勃発し、欧州が東西に分断されたことも、市民の参加に抑制効果を与えた。知識人の欧州運動への参加は、戦間期に比べて低下した。[52]したがって、第二次大戦後、欧州統合が民主主義の価値を自らの根本原理として讃えるとしても、現実に統合への市民の参加が実現されたとは言えない。

また、統合運動が発展した国の一つであるフランスでは、一九三〇年代危機の過程で、有効な危機対策をとりえなかった議会制度の非効率性に対する批判が強まり、その結果、戦後、エリート主導の復興政策が展開された。計画庁長官として経済計画（モネ・プラン）を実施し、戦後の経済復興を主導したJ・モネは、反議会主義の風潮に影響され、効率性を担保するために少数精鋭のエリート主義を支持した。

シューマン・プランとECSCは、こうしたエリート主義を継承している。その着想は、モネと彼の協力者によって秘密裏に練られた。これはサプライズ効果を期待した面もあるが、同時に彼らの公的討議に対する不信の表れでもあった。

連邦主義者の一部は市民の統合プロセスへの参加を追求し、ローマ条約締結を契機として、一九五七年一二月、地方議会選挙をもとに選出された代表によって「欧州民衆大会」を開催した。しかしこの大会は、結局、一九六一年を最後に挫折した。それは欧州レベルの民主主義と各国レベルの民主主義の両立の困難を示した(53)。

本質的に、統合は政府間交渉によって進められるため、市民は統合プロセスと直接の関係を持ちえない。このことが欧州制度に対する市民の関心を低下させた。政府間会議における政策選択に関して議会での投票や国民投票が行われる場合でも、投票は内政に関する討論によって左右され、欧州が討論の中心に位置することは稀であった。これはＥＣ／ＥＵが市民の直接選挙で選出される単一の政府を持たないことの結果である。

一九七九年に欧州議会選挙の直接投票が導入されたが、根本的解決に至らなかった。そもそもＥＣ／ＥＵの制度は政府間主義と超国家主義の妥協の産物であるため、欧州議会の役割について、根本的な曖昧性が拭えない。しかも七〇年代以後、「欧州首脳会議」の役割が増大し、むしろ政府間主義的方向が強まった。欧州議会選挙の投票率は、一九七九年には六二・四％であったが、その後次第に低下し、二〇〇四年には四七・六％に下落した。これは市民の関心の低下を物語る。[54]

単一政府不在の制度は、ある政策の権限を独立機関に委ねる結果となり、それは「エリートの欧州」の性格を強め、市民の疎外感を強める。「欧州中央銀行」ＥＣＢの制度は、その好例である。ＥＣＢの政治的独立性は、一般に、各国政府の要求に屈することなく通貨・物価の安定を守る必要から正当化される。しかしこの制度は、ユーロ圏政府が不在の状況において、単一の金融政策を実施する必要から生じたと看做すこともできる。

「寛容なコンセンサス」とその変化

「エリートの欧州」と「市民の欧州」の間の溝にもかかわらず、長い間、市民が統合プロセスに対して公然たる批判を表明することはなかった。統合の進展に対しする市民の態度は、「寛容なコンセンサス」という言葉で説明されてきた。[55] 国による差異は大きいが、総じて一九九〇年代まで、各国の市民は統合に対して比較的好意的であった。しかし通貨統合のスケジュールが発表された一九九〇年代になると、この「寛容なコンセンサス」は変化を見せ始めた。

ユーロ参加の条件（単年度の国家予算赤字がGDPの三％、累積国家債務がGDPの六〇％、物価上昇率と利子率の安定）の充足が緊縮予算を要求し、その結果、公務員数の削減や年金制度の改定が行われると、市民の不満は時に先鋭化し、大規模なストライキに帰結した。欧州統合が市民生活に直接影響を及ぼすようになって、欧州統合に対する懐疑論は次第に一般市民の中に広がり始める。[56]

EUに対する市民の態度の根底に、アイデンティティーの問題がある。アイデンティティーは、EUという集団に対する市民の帰属意識を意味するが、市民のEUに対する帰属意識は依然として弱いことが問題である。各種の調査によれば、EU加盟国の市民の多数派は自国の国民であるという意識と同時にEUの市民（欧州市民）であるという二重の帰属意識を持っている。しかし国民意識に比べ、「欧州人意識」はなお弱い。国民意識について言えば、多くの人々の「国民感情」は「愛国心」を語りうるまでに強い。これに対して、「欧州人意識」について言えば、多くの人に「欧州愛」を語りうるほどの感情は見られない。[57] 戦間期の欧州主義者G・リューにとって、欧州は「祖国」であった。J・バンダは、「欧州ナショナリズム」と「欧州国民」について語り、クーデンホフ＝カレルギは「欧州愛」について語った。彼らにとって、既存の国民国家の枠組みは狭すぎるが、統合された欧州は諸国民国家と同様に長期の歴史的プロセスの帰結として形成されるものであり、「新しいナショナリズム」を意味した。[58]

ユーロと欧州アイデンティティー

では、強固な欧州アイデンティティーの確立を阻害するものは何か。単一通貨の発行は、欧州アイデンティティーの強化にいかなる役割を果たすだろうか。EUに対する帰属意識が加盟国の各国家に対する帰属意識と同程度に強固なものとなるには、少なくともEU市民としての権利＝義務の意識が強まることが前提条件である。経済的に見れば、最大の義務は徴税の義務であり、最大の権利は帰属する集団によって生存を保障されることである。したがって、義務の観点からはEUによる課税が問題となり、権利の観点からはEU社会政策の統一が問題となる。しかし周知のように、現状のEUは、予算・財政制度について加盟国の国家主権に委ねており、社会政策の統一は不十分に止まっている。しかも単一市場の成立からユーロ発行に至る過程、さらにユーロ危機勃発以後、新自由主義的政策がますます優勢となるにつれ、ＥＵの制度は公共サービスの縮小、公的支出の削減＝福祉国家の縮小として現れ、ＥＵが市民の生存を守る側面は低下している。

当初、ユーロの発行が欧州意識の強化に寄与することが期待され、現実にもその発行直後の成功は新たな帰属意識の出現を予感させた。しかし近年、むしろ逆の現実が進行している。ユーロ圏の中で、ギリシャのようにＥＵから支援を受けている国の市民の間、また、ドイツのように支援する立場にある国の市民の側で、それぞれユーロからの離脱の可能性が論じられるという状況は、通貨という国民的アイデンティティーの強固な絆の役割を果たすものが、単なる一種の技術的変更と看做されているという状況を物語っている。欧州市民の多数派にとって、ユーロは不便と看做せばいつでも放棄可能なものと受け取られている。欧州が各加盟国と異なり、明確な領土的範囲も中央政府も持たず、さらにＥＵの制度の役割が不明瞭であり、制度への市民の参加が行われない状況の下で、国民感情に対応する「欧州感情」を育むことは困難である。

中央政府不在の下で、ＥＣＢはＥＵへの帰属意識を発達させることを期待された。ＥＣＢの組織は連邦構造を取り、その政策は特定国の利害を離れ、欧州全体の利益に基づいて実施される。金融政策の決定をＥＣＢに集中し、予算・財政政策の決定権を加盟国の主権に残すという二重原理は、国民感情に配慮しつつ、徐々に欧州感情を発達させるという意図の現れと評価することができる。しかし金融政策の信頼を確保するために、ＥＵの「安定成長協定」によって加盟国に課された財政規律の故に、加盟国の予算権限の自立性・分権性は、現実には制限されている。財政危機に陥った加盟国の市民にとって、ＥＵ・ＥＣＢはＩＭＦとともに「トロイカ」を形成し、財政規律・緊縮財政・失業を押しつける「束縛」と看做される。

二〇〇八―二〇〇九年のユーロ危機勃発は、危機に対処するには単一の通貨権力だけでは不十分であり、単一の予算権力が必要であることを示した。それ故、ユーロ危機からの脱出は政治統合の新たな次元を切り開くことになるであろう。しかしそれは市民のＥＵへの参加と帰属意識の前進を前提に進められねばならない。そのためにはＥＵ市民の二〇％程度がユーロのおかげで欧州人と感じるようになったという状況が根本的に変化しなければならない。

5　経済統合の理念

社会的市場経済とＥＵ

近年、ユーロ危機に伴って指摘される「欧州のドイツ化」[59]に対する懸念は、欧州統合を牽引してきた経済統合の理念の問題と深い関係がある。端的に言えば、ドイツの「社会的市場経済」の理念が、一九七〇年代末から世界的に支配的潮流となる新自由主義と親和的であったために経済統合の方向を決定づけてきたこと、さらに通貨統合の過程とユーロ危機がこの動きを加速しているという事実が問題である。

現行のEU条約は、社会的市場経済に基づいた社会経済モデルの構築を謳っている。しかし、これをもってオルド自由主義に起源を持つドイツの社会的市場経済の理念がEUの方向を決定していると考えることは、即断すぎよう。[60] 社会的市場経済の概念自体が多様であり、オルド自由主義と同一視できるわけではない。一般に米英両国の経済社会モデルに対比した意味で広く社会的市場経済を捉える立場も見られる。したがって、欧州統合を方向づけている社会的市場経済の理念とはいかなる性質のものか、まず、明確にする必要がある。

また、欧州統合史研究においては、理念・運動の段階を含めて、統合の「自由主義的な道」と「契約による道」の二つが一貫して並存してきたことが明らかにされている。[61] もっとも、欧州経済統合は自由競争と市場経済の確立を目的にしていたので、「自由主義的な道」の排除は本来的にあり得ない。したがって、両者は対立的な関係というよりは補完的な関係として捉えられる。このような経済統合の理念の問題と突きあわせた場合、EU条約が掲げる社会的市場経済はどのように捉えるべきであろうか。また、ユーロ発行に至る通貨統合の歩みは、社会的市場経済の理念とどのように関係するのであろうか。

オルド自由主義によれば、競争秩序の確立が経済成長を保障し、それによって社会進歩が達成される。ここでは経済と社会の間には序列が存在し、経済が優先される国家の役割は、競争の法的枠組みを確定することに限定され、所得の再配分を目的とする介入は極力排除される。これに対して、ＥＵ条約は経済と社会の間に明白な序列を置いていない。

しかし二〇〇〇年に発表されたリスボン戦略は、「競争力ある経済」を目標にかかげ、経済的目標をより前面に打ち出した。実際の政策目標の重点は、労働市場の柔軟化と均衡財政の再建に置かれている。しかも国家介入は、これらの目的を達成する手段と位置づけられた。国家介入の役割は、競争による労働条件や社会的保護の悪化を防ぐことではなく、オルド自由主義と同様、競争を推進することとなった。リスボン戦略以後、事実上、「社会の後退」が強まり、通貨統合はこの傾向に拍車をかけた。

連邦権力の不在

通貨統合はグローバリゼーションに対する欧州の戦略として構想され、グローバル化のネガティブな側面を緩和することを期待された。単一通貨による域内為替レートの消滅によって、外生的ショックの悪影響を回避することが期待された。また、国際通貨としてのユーロの地位がもたらす国際通貨権力がグローバル化の対称性を強めることが期待された。

しかし、グローバル化の悪影響を抑えるためには統合プロセスを公的権威によって規制する必要があるが、現在のＥＵは「規制緩和」を原則としているため、現実にはグローバル化の基本的特徴を再現する傾向が強く、グローバル化から市民を保護する側面は後景に追いやられている。ＥＵの現状は、グローバル化を「馴化」する力を著しく限定されている。

欧米間の経済パフォーマンスが違う大きな理由は、両者の経済的目標の違いにある。アメリカは雇用レベルの維持を優先目標とし、その実現のために物価上昇とドル減価を容認する。これに対して、ＥＵは優先順位を逆転させ、物価と通貨の安定を優先している。さらに、自由主義的原則の運用についても、アメリカはＥＵより柔軟である。アメリカ政府は失業対策や弱体化した産業の保護のための公的介入に積極的であるのに対して、ＥＵは公的介入に消極的である。これはオルド自由主義の影響と無縁ではなかろう。

最近の危機対策は、欧州統合の欠陥を露呈させている。まず、加盟国間の連帯の弱さが指摘できる。「欧州安定メカニズム」（ＥＳＭ）の設置によって、この欠陥は部分的には是正されたが、その貸付規模は連帯による保障を享受していない。この連帯の弱さが連邦的政治権力の出現に対する躊躇を説明する。現在の異常事態をコントロールできない根本原因は、このような権力の不在にある。その結果、ドイツのような特定の国の理念と価値観が危機対策の方向を規定し、ＥＵ全体にとって必要な対策が特定国の考慮によって阻害される。

競争観の変化と欧州経済社会モデル

欧州統合史を大局的に見れば、「自由主義的な道」と「契約による道」という二つの道の並存と妥協は、一九七〇年代前半の石油危機まで続いた。ECSCが競争体制の確立を目的にしながら、最高機関に大幅な権限を託する時、そこに一種の「指導された自由主義」の体制を見ることは容易である。それはモネとその協力者に代表されるフランスの計画化とディリジスム（国家による経済の指導）の影響の現れである。モネの協力者の一人としてECSC（パリ）条約の交渉に関わったP・ユリによれば、「市場のゲームと政府の責任にそれぞれに帰すべき役割」を与えることによって、「自由主義とディリジスムの無駄な討論を避ける」ことが追求された。この意味で、ECSCは戦間期以来の二つの道の並存を継承し、市場と国家、競争と介入を混合させた体制であった。(62)

ローマ条約とEECは、パリ条約とECSCに比較すれば、モネとフランスが主張する計画＝ディリジスムと契約による道の側面を後退させ、ドイツとベネルクスが主張する自由主義的側面を強めた。とはいえ、依然として二つの道の並存は続いた。ローマ条約はモノ、カネ、ヒト、サービスの自由な移動の体制と競争秩序の確立を謳っている。しかし、ローマ条約交渉の段階では「競争政策」はとくに重要な位置を占めていたわけではない。さらに重要なことは、公正競争を保障するために「歪められた競争」を無くすことが狙いであり、「自由競争」という表現さえ使用されていない。基本的目標は、市場への企業の平等な参入を保障することであった。社会的領域を中心に競争の広がりを制限することによって競争形態を抑制することが考えられ、最低賃金の設置や団体交渉の拡張は企業間の競争を制限する必要から正当化された。一九六〇―七〇年代、ドイツのオルド自由主義に支えられた競争政策と強力な国家介入の理念に支えられたフランス（とイタリア）の産業政策が主導権をめぐって対立した。[63] 競争政策はローマ条約の共通政策の中で、確かに重要な位置を占めていたが、その適用は容易ではなかった。

しかし一九八〇年代後半、単一市場の設立とともに、「公正競争」に代わって「自由競争」が競争秩序の具体的内容となる。これに伴い、競争からモラルや社会的内容が後退し、競争の自立性が強まった。その結果、国家の活動は制限され、市場と国家の関係は逆転し、市場が国家の監督の対象であった状況から、国家が市場に監督される状況が出現した。また、企業の領域に関わる「市場的秩序」と行政に関わる「非市場的秩序」が並存する状況に代わって競争秩序が経済活動全体を支配する基準となった。産業政策をめぐる自由競争派と積極的産業政策支持派の対立はマーストリヒト条約まで続き、後者の「勝利」にもかかわらず、この条約によって、産業政策は、後者と無縁な競争的環境を推進する内容を与えられた。[64]

欧州統合の創始者たちは、連帯を欧州経済社会モデルの制度的特徴の重要な要素と考えていた。[65] しかし一九八〇年代以後、欧州統合が体現する経済社会モデルは、次第に連帯の側面を弱め、自由競争の側面を強めるに至った。連帯の思想を政策面で具体化する所得再配分を実施し、経済成長に伴う住民の生活水準の向上を保障するための市場への公的介入はますます制限されるようになった。「自由主義的な道」と「消極的統合」が強まり、「契約による道」と「積極的統合」は次第に弱まっていった。

通貨統合を具体的日程に乗せたマーストリヒト条約は、単一市場の形成に続いて、この方向を強めた。近年のユーロ危機は、さらにこの傾向に拍車をかけている。歴史的起源に遡れば、欧州統合の存在理由は、グローバル化への「欧州的対応」にあり、そこでは欧州独自の価値や理念を擁護しながらグローバル化に対応することが目的に掲げられた。[66] その際、連帯は「欧州的対応」の核心であった。経済と社会のバランスの追求もまた欧州独自の対応の重要な要素であった。単一市場と通貨統合が、これらの特徴を薄め、消しさるとすれば、統合の進行が市民の欧州アイデンティティーの形成に寄与しえないことは明白である。

6　おわりに

以上のように、構想の段階から一世紀以上、制度化の段階から半世紀以上を経た欧州統合史は、二度の大戦、冷戦、グローバリゼーション、共産主義体制の崩壊、ドイツ再統一といった世界史的大事件の影響を受けつつ、いくたびかの「危機」を潜り抜けながら、経済統合を優先させてユーロの発行に漕ぎつけた。したがって、このプロセスは、予定された順序と段階を踏んで進められたものではなかった。そこでは、欧州域内における「大市場」や「自由貿易圏」の創出、社会連帯主義のように、一貫した目的と価値が追求された反面、さまざまな変容を余儀なくされ、欧州統合の内容に重要な変質が生じた。

もっとも重要な変容は、政治統合と経済統合の関係に現れた。一九五〇年代半ばの経済統合優先路線の確立に並行して、政治統合は次第に事実上放棄されていき、その結果、経済統合の分野でも、政府間主義が強まり、連邦主義が後退した。また、連帯主義を体現する共通政策の分野では、次第に競争政策が重要性をましていった。奇跡的復活を遂げたドイツの経済的成功とあいまって、この過程はオルド自由主義の影響が支配する過程と重なった。自由競争は、社会的欧州との両立の可能性を次第に切り落としていき、統合に対する市民の疑念を強めた。この過程は、EEC発足を契機として本格的に開始し、一九七〇年代の通貨協力の過程で明確となり、さらに一九八〇年代の単一市場の形成および一九九〇年代の通貨統合の準備過程で強まった。

一九世紀末、欧州合衆国について論じたフランスの政治学大会は、欧州統合に関わる根本問題として、統合の範囲と並んで、統合の方法と形態をあげたが、ユーロ危機の根本的解決は、今あらためて同じ問題を提起している。ユーロ危機からの脱出の道は、連邦主義の強化を志向するなかで、社会連帯・社会的欧州の強化と「市民の欧州」の確立をめざす方向に求められよう。これによって欧州統合は、「グローバリゼーションへの欧州的対応」という本来の意義を取り戻すであろう。

注

（1）A.S.Milward, *The European Rescue of the Nation-State*, London, 1994.
（2）R.Frank (dir.), *L'identité européenne au XXe siècle*, Paris, 2004.
（3）J.-C.Barbier, *La longue marche vers l'Europe sociale*, Paris, 2008 ; A.Varsori, «Development of European Social Policy», in W.Loth (Ed.), *Experiencing Europe 50 Years of European Construction 1957-2007*, Baden-Baden, 2009.
（4）ロベール・フランク（廣田功訳）『欧州統合史のダイナミズム』日本経済評論社、二〇〇四年。
（5）最近の「ユーロ危機」についても、歴史的・総合的視点からの分析がいくつか見られる。たとえば、ロベール・ボワイエ（山田鋭夫訳）『ユーロ危機　欧州統合の歴史と政策』藤原書店、二〇一一年、M.Aglietta et T.Brand, *Un New Deal pour l'Europe*, Paris, 2013 ; Robert Salais, *Le Viol d'Europe, Enquête sur la disparition d'une idée*, Paris 2013. なお、本稿の叙述は、筆者の力量からフランスの事例を中心においてなされる。

（6） E.Bussière, «Premiers schémas européens et économie internationale durant l'entre-deux-guerres», *Relations Internationales*, No.123, 2005.

（7） A.-M.Saint-Gille, *La «Paneurope» Un debat d'idees dans l'entre-deux-guerres*, Paris, 2003.

（8） E.Bussière, *op.cit.*

（9） ブリアンの議論については、A.Fleuly et L.Jilek, *Le Plan Briand d'Union fédérale européenne*, Berne, 1998 参照。

（10） B.Vayssiere, *Vers une Europe fédérale, Les éspoirs et les actions fédéralistes au sortir de la Seconde guerre mondiale*, P.I.E.-Peter Lang,2006, p.168-169 ; P.du Bois, *Histoire de l'Europe monétaire, 1945-2005*, Paris, 2008, p.22, 廣田功「ヨーロッパ統合構想の展開とフランス経済学（一九二〇―四〇年代）」（廣田功編『現代ヨーロッパの社会経済政策』日本経済評論社、二〇〇六年）。

（11） ハーグ大会における通貨問題に関する議論については、J.-M.Guieu et C.Le Dreau (dir.), *Le «Congrès de l'Europe» à La Haye (1948-2008)*, P.I.E.Peter Lang, 2009, p.311-336 参照。

（12） *Ibid.*, p.328-329.

（13） A.S.Milward, *The Reconstruction of Western Europe, 1945-1951*, London, 1984 ; 上原良子・廣田功「戦後復興と欧州統合」（吉田徹編『ヨーロッパ統合とフランス』法律文化社、二〇一二年）。

（14） G.Bossuat, *La France, l'aide américaine et la construction européenne,1945-1952*, Paris, 1992 ; 森建資・廣田功編『戦後再建期のヨーロッパ経済―復興から統合へ』日本経済評論社、一九九八年。

（15） たとえば、フランスでは一九四八年、マーシャル・プラン受け入れに対応して、「欧州経済協力のための省間委員会事務総局」（ＳＧＣＩ）が設置された。また、並行して省庁内部の再編が行われた。

L.Badel, S.Jannesson et P.Ludlow (dir.), *Les administrations nationales et la construction européenne*, P.I.E. Peter-Lang, 2005.

(16) シューマン・プランとECSCの詳細については、石山幸彦『欧州統合とフランス鉄鋼業』日本経済評論社、二〇〇九年参照。

(17) G.Bossuat et A.Wilkens (dir.), *Jean Monnet, l'Europe et les chemins de la paix*, Paris, 1999.

(18) EDCとEPCについては、細谷雄一「シューマン・プランからローマ条約へ」(遠藤乾編『ヨーロッパ統合史』名古屋大学出版会、二〇〇八年)、廣田愛理「欧州統合の具現化と限界」(吉田徹編、前掲書所収)参照。

(19) EPUについては、須藤功「戦後アメリカの対外通貨金融政策と欧州決済同盟の創設」(森・廣田編、前掲書所収)参照。

(20) P. Du Bois, *op.cit.*, p.32.

(21) 以上の経過については、R.Leboutte, *Histoire économique et sociale de la construction européenne*, Bruxelles, 2008, p.201-219.

(22) クレマンテルの欧州統合論については、廣田功『現代フランスの史的形成―両大戦間の経済と社会』東京大学出版会、一九九四年、一一一―一二〇頁、L. Badel, *Un milieu libéral et européen, Le grand commerce français 195-1948*, Paris, 1999, p.324-326 参照。

(23) Y.Muet, *Le débat européenn dans l'entre-deux-guerres*, Paris, 1997, p.97-108.

(24) D.Guerin, «Albert Thomas, inlassable promoteur de l'intégration européenne», in E.Bussiere et M. Dumoulin (dir.), *Milieux économiques et intégration européenne en Europe occidentale au*

XXe siècle, Arras, 1998».

（25） S.Schirmann, «Le régionalisme monétaire européen au XXe siècle», in S.Schirmann (dir.), *L'Europe par l'économie ? Des projets initiaux aux débats actuels*, P.I.E, Peter Lang, 2013.

（26） E.Bussière, «L'Organisation économique de la SDN et la naissance du régionalisme économique en Europe», *Relations Internationales.*, No.75, 1993；廣田功、前掲論文。

（27） ゼーラントの活動については、小島健『欧州建設とベルギー――統合の社会経済史的研究』日本経済評論社、二〇〇七年、八三―一二九頁参照。

（28） L.Badel, S.Jannesson et N.P.Ludlow (dir.), *op.cit.*, p.169-180.

（29） A.S.Milward, *Reconstruction, op.cit.*

（30） A.Wilkens (dir.), *Le Plan Schuman dans l'histoire, intérêts nationaux et projet européen*, Bruxelles, 2004.

（31） P.Mioche, «La déclaration Schuman, le traité de Paris et la CECA» in M.Catala (dir.), *Histoire de la construction européenne. Cinquante ans après la déclatration Schuman,* Nantes, 2001, p.35.

（32） 廣田愛理「フランスのローマ条約受諾―対独競争の観点から」『歴史と経済』、第一七七号、二〇〇二年、L.Walouzet, *Le choix de la CEE par la France, L'Europe économique en débat de Mendès France à de De Gaulle (1955-1969)*, Paris, 2010.

（33） M.Dévoluy et G.Koenig (dir.), *L'Europe économique et sociale*, Strasbourg, 2011, p..34

（34） 一九七〇年代の通貨統合をめぐる仏独関係の詳細については、権上康男『通貨統合の歴史的起源―資本主義世界の大転換とヨーロッパの選択』日本経済評論社、二〇一三年。A de Saint Perier, *La*

France, l'Allemagne et l'Europe monétaire de 1974 a 1981, Paris, 2013. また仏独関係全般については、H.Miard-Delacroix, *Histoire franco-allemande*, vol.11, *Le defi europeen de 1963 à nos jours*, Lille, 2011 参照。

(35) R.Leboutte, *op.cit.*, p.16.

(36) C.Topalov (dir.), *Laboratoires du nouveau siècle, La nebuleuse réformatrice et ses réseaux en France, 1880-1914*, Paris 1999.

(37) D.Guelin, op.cit., p.310.

(38) E.Bussière, M.Dumoulin et S.Schirmann, « The Development of Economic Integration», in W.Loth (ed.), *Experiencing Europe*, Baden-Baden, 2009, p.45-47.

(39) R.Leboutte, *op.cit.*, p.34.

(40) 欧州審議会については、上原良子「欧州審議会の成立とフランス」『史論』第五五集、二〇〇二年参照。

(41) L.Badel, E.Bussière et als. , «Cercles et milieux économiques», in R.Frank (dir.), *Les identités européennes au XXe siècle*, Paris, 2004.

(42) R.Leboutte, *op.cit.*, p.619-627. たとえば、一九五四年—一九六〇年の間にECSCの適応政策の支援を受けた労働者の数は、石炭・鉄鋼両部門合わせて一一万五一〇〇人（両部門の就業者総数は一〇六万三〇〇〇人）であった。

(43) 廣田愛理、前掲「ローマ条約」論文、L. Rye, «The Rise and Fall of French Demand for Social Harmonization in the EEC, 1955-1966», in K.Rucker et L.Walouzet (dir.), *Quelle (s) Europe (s) ? Nouvelle approaches en histoire de l'intégration européenne*, P.I.E.Peter-Lang, 2006.

(44) R.Leboutte, *op.cit.*, p.650.

(45) A.Varsori, «Le Comité économique et social européen et ses tentatives pour influencer la politique de la CEE, puis de l'UE», in E.Bussière, M.Dumoulin et S.Schirmann (dir.), *Europe organisée, Europe du libre-échange ?*, P.I.E-Peter Lang, 2006.

(46) 川嶋周一「大西洋同盟の動揺とEECの定着」(遠藤乾編、前掲書所収)。

(47) 遠藤乾「ヨーロッパ統合の再活性化」(同書所収)。

(48) M.Dévoluy et G.Koenig (dir.), *op.cit.*, p.169-171.

(49) *Ibid.*, p.174-180.

(50) ロベール・フランク、前掲訳書、一三頁。

(51) A.Fleury et R.Frank (dir.), *Le rôle des guerres dans la mémoire des européens*, Berne, 1997.

(52) R.Frank, «Les contretemps de l'aventure européenne», *XXe siècle, Revue d'Histoire*, No 60, octobre-décembre 1998.

(53) M.Dévoluy et G.Koenig (dir.), *op.cit.*, p.56.

(54) J.-P.Fitoussi et J.Le Cacheux (dir.), *L'Etat de l'Union européenne, 2005*, Paris, 2005, p.230-231. ただし、これは二〇〇四年に新たに加盟した一〇ヶ国の投票率を除いた一五ヶ国の数字である。新加盟国を含むと投票率はさらに低下し、四四%となる。

(55) 統合の進展と市民意識の変化については、廣田功「市民から見た欧州統合―統合過程と市民意識の変化」(NIRA・EAsia 研究チーム編『東アジア回廊の研究』日本経済評論社、二〇〇一年)、P.Bréchon et B.Cautrès (dir.), *Les enquêtes eurobaromètres, Analyse comparée des données socio-politiques*,

Paris, 1998 参照。

(56) 鈴木一人「二一世紀のヨーロッパ統合」（遠藤乾編、前掲書、三〇三―三〇四頁）。ただし今なお、ＥＵ市民の多数派は、依然として彼らの生活条件がＥＵによって大きな影響を受けているとは考えていない。M.Dévoluy et G.Koenig (dir.), *op.cit.*, p.107.

(57) 廣田功、前掲「市民から見た欧州統合」論文、三四五―三四九頁、R.Frank (dir.), *Les identites europeennes au XXe siècle*, op.cit.; Edu Reau (dir.), *Identités nationales, identité européenne, visbilité inernatonale*, Paris, 2004.

(58) Y.Muet, *op.cit.*, p.73-74.

(59) ウルリッヒ・ベック（島村賢一訳）『ユーロ消滅？ドイツ化するヨーロッパへの警告』岩波書店、二〇一三年、*Le Monde*, Supplement Europe, «L'Allemagne trop forte ?» le 12 septembre 2013.

(60) オルド自由主義は、一九三〇年代に欧州レベルで「自由主義の復興」を掲げて誕生した「新自由主義」潮流のドイツ的形態である。この「新自由主義」の成立と展開については、権上康男編『新自由主義と戦後資本主義―欧米における歴史的経験』日本経済評論社、二〇〇六年、F.Denord, *Néo-libéralisme version française. Histoire d'une idéologie politique*, Paris, 2007 参照。

(61) E.Bussiere, M.Dumoulin et S.Schirmann, «Developpment», *op.cit.*

(62) R.Leboutte, *op.cit.*, p.139.

(63) L.Warlouzet, «Europe de concurrence et politique industrielle communautaire, La naissance d'une opposition au sein de la CEE dans les années 1960», *Histoire, Economie et Société*, No.1, 2008 ; F.Denord, «Néo-libéralisme et économie sociale de marché, les origines intelectuelles de

la politique européenne de concurrence», *ibid*.; D.Broussolle, «Plus de concurrence pour plus d'Europe ?», in M.Devolu et G.Koenig(dir.), *op.cit*.

(64) D.Broussolle, *ibid*., p.228-229.

(65) R.Leboutte, *op.cit*., p.17.

(66) E.Boussière, «premiers schemas», *op.cit*.

第3章　欧州経済通貨同盟と欧州アイデンティティーの確立

ジェラール・ボシュア

1　欧州経済通貨同盟と欧州アイデンティティーの確立

マーシャル・プラン援助が始められた当時、欧州諸国の通貨は交換性を回復していなかった。それでも欧州諸国間の決済が西欧域内だけでも円滑なものになったのは、欧州で通貨に関する連帯があったからである。次いで欧州決済同盟（EPU）[1]が結成されたことで、西欧諸国の通貨に関するアイデンティティーの問題がもちあがった。[2]この時フランスは欧州諸国経済の協議体を設けることを望み、アメリカ合衆国の「庁（Authorities）」にならって、欧州通貨庁（European Monetary Authority）や通貨諮問委員会（Advisory Monetary Committee）などの案が検討された。これに対してアメリカのマーシャル・プランの行政官たちは、EPUを恒久的な組織にしてエピュニット（Epunit）という欧州独自の計算単位を作ろうとした。その根拠はハバナ憲章の第一五条に求められた。[3]しかし、結局のところEPUは解散された。それはブレトンウッズの多角的なシステムが機能し始め、また西欧の何ヶ国かが、こうした世界的システムを弱めかねない地域的通貨の組織を作ることを拒否したからであった。EPUの結成は、西欧諸国（中央銀行と政府）が通貨に関してみずからを組織化しうることを物語っていたにすぎないが、それでもこの教訓は忘れ去られなかった。

以上の経緯にみられるように、ユーロには直近の過去とともに古い淵源がある。これらをふまえて一九九九年の欧州通貨の創造という技術的な決断と、一九九二年に欧州連合（ＥＵ）となる欧州共同体（ＥＣ）の通貨・経済アイデンティティーの確立との関係をみていかねばならない。

2　共同市場――通貨統合より域内協力

一九五〇年七月七日に設立されたＥＰＵは一九五八年末まで存続した。ＥＰＵはその加盟各国が通貨の一般的交換性への復帰と域内貿易の自由化を協議していたことから、マーシャル・プラン時代の欧州に一定のアイデンティティーを与えたといえよう。[4] ところが一九五五年八月五日には欧州通貨協定が締結されてＥＰＵが解散され、諸通貨が一般的な交換性を回復した。言い換えれば、この欧州通貨協定によって欧州域内の通貨協力が地域的統合を促進していく潜在力が失われてしまったのである。

このため、一九五七年の共同市場条約（ローマ条約）には通貨に関する規定はあまり盛られなかった。これら通貨に関する規定は、条約に調印した六ヶ国間の関税同盟がうまく機能するのに必要なかぎりでの通貨の安定性と交換性を自発的な連携によって保証しようとしたものであり、少数の条文に限られていた。それらの条文にもとづいて通貨委員会が設置され、各国の財務省と中央銀行が代表を送った。(5) しかしながら経済政策、税制、通貨政策、地域政策は依然として各国に帰属したため、この条約は締結国間で相互信頼を醸成する措置をとることを推奨したにとどまった。唯一、通商政策のみが共同体の管轄事項とされ、各国の国家主権から外されたにすぎない。

とはいえ欧州の通貨同盟という考えは忘れ去られたわけではなかった。それは、同盟を唱道したジャン・モネにとって依然として重要な到達目標であり続けた。早くも一九五七年一一月には、モネの側近で優れたエコノミストであったロバート・トリフィンが、ブレトンウッズ協定の枠内で欧州における外国為替を調整する欧州準備基金を構想した。この基金の利点は投機を防止できるということであったが、それだけではなかった。モネと、欧州合衆国行動委員会——一九五五年一〇月に結成された圧力団体——に集った彼の仲間たちは、そこに欧州を近代化するための欧州金融同盟（Union financière européenne）の原形を作り出そうとしたのであった。(6) 事実、行動委員会の初期の会合では、政治同盟より経済同盟、なかでも金融上の共通政策の調和を目的とした金融同盟が重視された。(7) そして通貨に関する連帯はこの欧州の金融に関する連帯の一構成要素とされていた。(8) こうしてモネは欧州全体の経済的執行府を構想していたのである。(9)

一九六二年には閣僚理事会も欧州委員会も、共同市場を完成させるには関税同盟とは別に「経済同盟の形成」が必要だと確信しており、通貨同盟にはまったく言及がなかった。[10] ところが同時に彼らは中央銀行総裁委員会、予算政策委員会、中期経済政策委員会を設置し、通貨委員会の役割を強化した。複数の歴史家によれば、この時に予算政策と為替政策の連携を目指す意識が芽生えつつあったという。[11] モネは、アメリカ合衆国とのパートナーシップのための欧州通貨同盟を作るべきだとアメリカ政府を説得しようとさえした。[12] もっとも、この頃はブレトンウッズ体制がまだ正常に機能していたので、各国首脳は共同の準備基金までは要求しなかった。

それでもモネとその側近たちは、大西洋にまたがる共同の準備基金の考えを捨てたあとで、「欧州単一通貨への第一歩」となる欧州通貨準備同盟や、欧州準備共同体[13]の案を共同体の諸機関に打診した。こうして「加盟各国の通貨が自由に交換され、不変の本位貨幣を形成する」ような、単一の欧州共同通貨という考えが一九六二年前後に専門家の間で流布するようになった。[14] これは少なくとも欧州共通の計算単位を備えた欧州独自の通貨圏を形成するという構想にほかならなかった。

3 国際通貨システムの危機と経済通貨同盟の初期の試み
――一九六八―一九七九年

国際通貨システムの危機は、アメリカが主導した新しいグローバリゼーションの只中で最初に現れた亀裂であったが、これによって欧州における通貨の安定化が急がれることになった。一九六八年から一九七八年までの国際通貨システムの危機については周知のとおりである。まずアメリカの金準備が減少し、ドルが金に大量に交換され、一九六七年一一月一八日にはポンドが一四・三％切り下げられた。そして金の自由市場価格への移行（金一オンスが公定価格の三五ドルでなく、三八ドルから四三ドルの間を推移）、投機の発生、一九六九年八月におけるフランス・フランの切り下げ、ドイツ・マルクに対する投機へと続いた。

この危機で為替の安定性が脅かされていたのは明白であった。欧州委員会は、共同市場の諸通貨間の連帯と相互支援によって欧州共同体を外部からの通貨的ショックから守ろうとした。それは一九六八年二月に、通貨の分野における共同体の行動に関するレモン・バールによる最初の覚書で着手された。バールは覚書のなかで、共同市場の各通貨間の連帯と相互支援行動を推奨した。(15)

この時モネは、経済通貨同盟（ＥＭＵ）を作るのに機が熟したと考えた。トリフィンは、欧州に通貨圏を作り出して、そこに欧州共同体の諸通貨を下支えするための欧州準備基金を備えることを提案した。モネはこの案をドイツの新首相ウイリー・ブラントが支持してくれるであろうと考えた。実際ブラントは、欧州経済共同体（ＥＥＣ）六ヶ国によるハーグ首脳会談（一九六九年一二月一―二日）において欧州準備基金の案を提出した（会談コミュニケ第八項）[16]。しかし欧州準備基金の案はドイツ独自の通貨準備を主張する社会民主党のカール・シラー蔵相との間に緊張をもたらした。それでもＥＥＣ六ヶ国首脳は段階的にＥＭＵを実現しようとした。さらに欧州委員会は欧州内の通貨協力プラン――第二次バール案――を策定した。これには短・中期の連携、及びいかなる相互的金融支援にも事前の協議を行うことが記されていた[17]。また閣僚理事会はルクセンブルクの国務大臣ピエール・ウェルナーを委員長とする検討委員会の設置を決めた。この委員会は一九七〇年一〇月に報告――ウェルナー報告――を提出したが[18]、この報告はマネタリストとエコノミストの対立を再燃させることになった[19]。すなわち、マネタリストは統合欧州を通貨の統合から始まるものと考え、他方でエコノミストは通貨統合を欧州経済統合の最終段階にすぎないと考えたのだった。ウェルナー報告はきわめて連邦主義的なもので、共同体内の通貨の平価が恒久的に固定されるような同盟、言い換えれば「（共同体全体の）経済政策を策定する本部、すなわち共同体内の各中央銀行を統轄するシステム」（エリック・ビュシエール）の形成を意図していた。

フランスの新大統領ジョルジュ・ポンピドゥはゴーリストでありながら現実主義者で用心深かった。フランスはソ連の不興を買いたくはなかったし、欧州で仏独が通貨問題で対立するのを恐れたため、ブレトンウッズ体制に愛着をもっていた。そのためポンピドゥはウェルナー報告の本筋を受け入れることを拒み、[20]報告に記されていたＥＭＵの第一段階（一九七一年三月）のみ実行することに同意した。というのもこの第一段階は経済・通貨政策の連携だけをうたっていたからである。[21]こうして共同体内の諸通貨の平価を下支えすることを目的として欧州通貨協力基金が設置されることになった。[22]

ところが国際通貨システムの危機がドイツ・マルクに対する投機によって一層深まっていった。マルクは一九七一年四月に上昇し、ＩＭＦ平価を離脱した。一九七一年五月五日にブンデスバンクはマルクの変動に踏み切り、ドイツ蔵相シラーは他の欧州諸国にも追随するよう求めた。しかしこれはフランスにとっては一方的に押しつけられたものであった。こうして欧州諸通貨間の相場の溝が広がり、欧州内の連帯は崩壊した。アメリカ大統領リチャード・ニクソンによる一九七一年八月一五日の金・ドル交換停止と一〇％の輸入課徴金は当然に混乱を一層深刻なものにし、六ケ国は分裂した。欧州諸通貨はドルに対して無秩序に変動しだした。シラーは「自由とは、各人がしたいようにすることである。各人とも自己の利益に従って行動するがよい」とまで宣言した。(23) モネは即座に反応して九月七日付の『レクスプレス』誌上で次のように反論した。「『自由とは、各人がしたいようにすることである。各人とも自己の利益に従って行動するがよい』とはいかがなものか。我々が取り組んでいる欧州共同体の建設のためには、逆に、共同の解決策の困難な探索が求められる。そこでは各国――今日では特にフランスとドイツ――がすべての参加国の利害を考慮しなければならない……。我々がシラー蔵相の主張するような道をとれば、欧州はなくなり、早晩自由もなくなるであろう」。

ポンピドゥはニクソンと一九七一年一二月一八日のスミソニアン協定について協議した。この協定は金一オンスを従来の三五ドルでなく三八ドルに設定し、ドルの七・九％の切り下げという平価の改定を行った。ドルの価値は基準相場からプラス・マイナス二・二五％、すなわち二通貨間で最大四・五％の範囲内で各国中央銀行によって支持された。ジャン・ドゥニゼによれば、「それはアメリカ合衆国のドルに、いかなる義務も課さずに基軸通貨にとどまるという途方もなく不当な特権を与えることを意味した」(25)。

ＥＭＵ計画はその後どうなったか。ＥＭＵ計画は一九七一年夏の世界的な通貨の混乱以降は頓挫していたが、ドイツの偏向を心配したポンピドゥによって再び取り上げられたのである。ポンピドゥはドイツに「欧州の路線をとらせ」ようとした。(26) こうしてフランスとドイツの首脳は一九七二年二月に再び交渉の席についた。ポンピドゥは欧州主義的で反アメリカ的な公約を準備していた。[27] そしてアメリカが世界に自己の通貨体制を押しつけるのをやめさせ、そのために強力な欧州通貨の枢軸を形成しようとしたのであった。六ヶ国首脳は欧州通貨の「スネーク」を作り、欧州通貨は相互に固定され、スミソニアン協定で取り決められた四・五〇％の半分の二・二五％の範囲内で共同で変動することになった。こうして一九七二年三月と四月の欧州諸国間の合意により「トンネルのなかのスネーク」が設置された。[28] しかしながら、欧州通貨協力基金が設置され、理論的には為替の不安定な動きに対処したにもかかわらずいくつかの通貨は二・二五％の変動幅を守れなかったため「トンネルのなかのスネーク」は早くも破綻した。[29]

一九七三年二月一三日の再度のドル危機でドルの価値が金一オンス三八ドルから四二ドルに低下し、スミソニアン協定により修正を受けたブレトンウッズ体制が最終的に崩壊した。一九七六年一月にジャマイカで合意されたキングストン協定によりその終焉が確認された。モネは、「理性的で寛大な」ドイツの新蔵相ヘルムート・シュミットが通貨同盟に向けて「聡明で実現可能な」提案をした、と評した。[30] この時ドイツは欧州内の協調を守るためにマルクの切り上げを見送った。[31] その対応は、ヘルベルト・ヴェーナーがモネに説明したところによると、フランスによる反米的な反応を引き起こさせないためでもあった。[32] 一九七三年三月一一日に会合を開いた欧州九ヶ国は、最大二・二五％の変動幅以内に各国通貨を維持し、これ以後はドルの価値を支持するための介入を行わないことを決定した。いわゆる「トンネルから出たスネーク」である。九ヶ国は一九七三年四月三日、ついに欧州通貨協力基金を稼働させた。ＥＭＵはいまだ虚弱とはいえ、すでに内実を備えていた。すなわち、欧州通貨のスネーク、欧州通貨協力基金、中央銀行間の協力であった――もっとも、各国の経済・通貨政策は喰い違うこともしばしばであり、ドイツ・マルクと他の通貨の間の為替相場の乖離が引き起こされたのだが[33]――。ロベール・マルジョランによれば、真の通貨同盟は「連邦的枠組み、政治的な同盟」を必要とした。[34]しかし一九七三年秋の石油危機、経済危機は欧州共同体九ヶ国間の連帯を動揺させた。

それでも、一九七九年には欧州通貨制度（ＥＭＳ）が誕生した。その原動力は一九六八―一九六九年のＥＭＵのそれと同じものであった。一九七七―一九七八年の各国通貨の混乱、ドルの衰退、複数の欧州の重要人物――特にシュミット・ドイツ首相――がジミー・カーター米大統領に対して否定的な評価を下したことにより、過去の経験の教訓を汲んで欧州通貨の創出へと向かう動きが加速されたのである。こうして一九七七年に、欧州委員会委員長ロイ・ジェンキンズ、副委員長フランソワグザヴィエ・オルトリ、シュミット・ドイツ首相そしてヴァレリー・ジスカールデスタン・フランス大統領は、経済的・通貨的主権を部分的に国家から欧州共同体に移転することに合意した。

ＥＭＳは一九七八年七月のブレーメン欧州理事会と同年一二月のブリュッセル欧州理事会で採用された。イギリス以外のすべての欧州共同体加盟国がそれに参加した。[35]ＥＭＳは、スネークにおけるものと同様の中央銀行間の合意、それに各国が経済政策を互いによりよく調和させるという約束に軸足をおいていた。その目的は「欧州において安定した通貨圏を形成するような、通貨協力を強化すること」[36]であり、発足は一九七九年三月一三日であった。そのために欧州通貨単位（ＥＣＵ）が外国為替を共同化するという目的を秘めて採用された。[37] ＥＭＳは、固定されながらも調整可能な、ドルを基準としない通貨圏を形成した。全体としてアメリカのウォッチャーたちはこの欧州のイニシアテチブの政治的意味を認め、ＥＭＳの衝撃はドルの連鎖的な下降によりダメージを受けたアメリカの金融界にとってきわめて大きなものとなった。[38]アメリカ政府は、時局に押されて欧州の通貨アイデンティティーの形成を受け入れた。こうしてできたＥＭＳは、少なくとも一九九〇年まではうまく機能した。この年には、急激なインフレが数年続いたあとで、調整がうまくなされなかったいくつかの通貨が投機の対象になってしまった。[39]

ピエール・ジェルベによれば、ＥＭＳの発足により、弱い通貨は支えられ、強い通貨は抑制されなければならなかったので、欧州諸国間の連帯が制度化された。[40] しかしながら共通の経済政策の不在、またＥＭＳがブンデスバンクの支配下にあったこと、そして様々な通貨の再調整が行われたことは見逃せない。[41]

4 通貨統合（一九八五―一九九九年）
――いかなる欧州アイデンティティーか？

ＥＭＳがうまく機能していたことを受けて、フランソワ・ミッテラン・フランス大統領は一九八四年六月二五―二六日のフォンテーヌブロー欧州理事会で欧州統合を全面的に深化させることを提案した。この提案は一九八五年六月二八―二九日のミラノ欧州理事会で承認され、一九八六年の単一欧州議定書などに結実した。この議定書では欧州共同体の「通貨統合能力」が認められた。さらに、欧州の市場統合を成功させるためにジャック・ドロールのとった措置[42]に従って、一九八八年六月のハノーヴァー欧州理事会で、欧州委員会委員長が通貨問題に関する専門の委員会の委員長も兼務することが決められた。もっともドロールは依然としてきわめて慎重ではあったが[43]、単一議定書のもたらした勢いに乗ってＥＭＵへの移行がなされた。ドロールは一九八九年六月二六―二七日のマドリード欧州理事会で報告書を提出し、そのなかでＥＭＵを形成するための三つの条件をあげた。第一に欧州共同体内の各通貨の完全な交換性、第二に資本移動の完全な自由化、第三に共同体内の各通貨間の変動の凍結による単一通貨の創出である。ただ、このような同盟は税制・予算に関する共通の政策なしでは実現できそうもなかった。そこでドロールはEMUを実現するためにいくつかの段階を設定した。

一九八九年一二月のストラスブール欧州理事会は、一九九〇年七月一日にEMUの第一段階を開始し、マーガレット・サッチャー英首相の反対にもかかわらず次の段階の内容を決するために政府間会議を招集することを決めた。これはきわめて野心的な計画であった。後世からみれば、この統合の再加速が混沌としていながらも成功したのは、ベルリンの壁の崩壊とこれに続いた激動のあとで、それが欧州共同体を再び強化したからかもしれない。ビノ・オリヴィは、一九八九年六月のドロール報告は欧州共同体の歴史のなかで最も重要なものの一つだと評価している[44]。

さらに、一九九〇年一〇月と一二月のローマ欧州理事会によって招集されたEMUと政治制度に関する政府間会議において、各中央銀行の総裁によって構成された欧州中央銀行制度及び通貨政策を統轄する機関について合意がなされた。また欧州の通貨は単一のものになることが決められた。各国とも、通貨政策と経済・予算政策を並行して収斂させることに合意した。こうして一九九一年一二月一〇―一一日のマーストリヒト欧州理事会で、EMUの第三段階の開始となる単一通貨の導入が一九九九年一月一日となることが採択された[45]（表3―1参照）。

なぜ通貨統合は成功したのか。要点は仏独が互いに妥協に達したことにある。フランスはドイツ・マルクが欧州の単一通貨に溶融されることを認めさせ、ドイツは単一通貨に――従っ

表3-1　EMUを形成するための3つの条件

第1段階	EMUの準備	通貨政策の連携 資本移動の自由化
第2段階	プレEMU	経済政策の連携の強化 欧州通貨機関、後に欧州中央銀行
第3段階	EMU開始（1997年1月1日～99年1月1日）	欧州中央銀行が通貨政策を統轄 為替レートの固定 2002年1月1日に単一通貨流通開始

表3-2　マーストリヒト基準

財政赤字	GNPの3%未満
公的債務残高	GNPの60%未満
インフレ率	最もインフレ率の低い3ヶ国の平均+1.5%未満
長期金利	最もインフレ率の低い3ヶ国の平均+2%未満
EMSへの加入	2年以上

て、フランスにも――「ドイツ的」な厳格な規律が適用されることを認めさせたのである[46]。最近では、欧州産業家円卓会議と欧州通貨単位協会に組織された欧州の産業界の役割も歴史家によって強調されている[47]。

単一通貨への加入には収斂のための五つの基準が守られていることが条件となった。以下のいわゆるマーストリヒト基準である（表3―2参照）。

マーストリヒト条約に向けた協議が難航したことと、連邦的な通貨圏の設定、共通外交・安全保障政策の策定、欧州議会における共同決定の拡大などの争点により、条約批准には困難が予想された。最初の引き金はデンマークで一九九二年六月二日に引かれ、連邦的欧州と仏独欧州への反発から条約はきわめて僅差ではあったが否決された（反対が五〇・七％）。フランスでは、ミッテラン大統領が国民投票でマーストリヒト条約を批准するというリスクをあえてとった。欧州の世論は、ブリュッセルのテクノストラクチャーも、マーストリヒト条約もその一つの好例であったEC官僚の紋切り型の言葉づかいも理解しなかった。デンマークで否決されたあと、EMUは投機筋から見放されてしまった。フランスでは一九九二年九月二〇日にごく僅差で批准賛成派が勝利した（賛成五一・〇一％、反対四八・九八％）。

これらの波乱にもかかわらず欧州連合条約は一九九三年一一月一日に発効し、それとともに第一段階がマーストリヒト以前の一九九〇年七月一日に始まっていたEMUもいよいよ本格的に機能し始めた。八ヶ国内で資本移動が自由化され、経済の収斂が追求された。さらに欧州経済共同体加盟一二ヶ国の首脳と中央銀行総裁は――これは、フランス・フランへの攻撃に無縁ではなかったイギリスの投機家たちを苦笑させたのだが――一九九三年八月二日にEMSの通貨変動幅を基準相場の上下二・二五％から一五％へと拡大した。こうしてフランス・フランはドイツ・マルクに対して下落し続けながらも（八月一六日時点で約三％）、EMSから正式に離脱せずにすんだ。欧州通貨間の固定相場はなくなったのであった。ところが、投機はやみ、逆説的なことに欧州通貨間のいかなる調整も行われることはなかった。通貨の奇妙な安定がもたらされたのである。

ＥＭＵの第二段階（一九九四年一月一日）では経済の収斂が一層強化され、各中央銀行の総裁によって構成された欧州通貨機関がフランクフルトに設置された。

公然と欧州懐疑派を自任した人々もいたなかで、一九九五年六月二七—二八日のカンヌ欧州理事会で、参加各国は収斂基準を満たしながら一九九九年一月一日に単一通貨に移行するとの意思を再確認しあった。ヘルムート・コール・ドイツ首相は、以前のブラント首相と同様に、蔵相テオ・ヴァイゲルと格闘せざるをえなかった。ヴァイゲルはいくつかの国についてマーストリヒトの基準を満たせるか疑念をもっていたからである。彼は、あやふやな将来計画でなく、一九九七年に現に観察された通貨の状態が収斂基準を実際に満たして初めて単一通貨に参加できる国として認められる、という条件をつけることに成功した。またユーロへの移行の後にも収斂基準は満たされなければならないことになった。いわゆる安定協定である。一九九五年一二月のマドリード欧州理事会で欧州の単一通貨は「ユーロ（€）」と命名され、欧州中央銀行（ＥＣＢ）が一九九八年六月一日にフランクフルトに発足した。一九九八年三月、欧州委員会は欧州連合加盟一五ケ国のうち一一ケ国が単一通貨参加のための基準を満たしていると判定した。[48] 欧州中央銀行制度がＥＣＢと各国の中央銀行を統轄するとされ、一九九九年一月一日に各国の通貨が単一通貨ユーロに置き換わるとされた。とはいえユーロ紙幣とコインの流通は二〇〇二年一月一日を待つことになった。

ＥＭＵと単一通貨の設立は、欧州連合の最終的な性格、すなわち欧州のアイデンティティーについて多くの疑問を投げかけた。フランスと欧州の左翼は、ＥＣＢに対する政治的歯止めとなる「欧州の経済政府」の設置を要求した。[49] 左翼の影響力は一九九七年のフランスの国民議会選挙で社会党のリオネル・ジョスパンが予期せぬ勝利を得て高まっていた。激しい論争が沸き起こり、ハンス・ティートマイヤー・ドイツ連邦銀行総裁は「社会保障システムを改革して労働市場における硬直性を解体する」ことを主張した。これに対してピエール・ブルデューが欧州福祉国家の提言を行った。[50] いずれにしても、各国の個別の通貨政策が消滅したことにより、各国の政府が予算政策によって雇用に働きかけることができなくなっていた。サンテール委員会は雇用のための協定も要求し、また欧州理事会に安定・成長協定の締結を認めさせた。これでＥＭＵは失業対策の構造政策を一元化しうることになったのであろうか。実際は、システム全体、すなわちユーロの信頼性が問われていた時に、参加各国が安定協定を順守するのに苦心していたことが判明した。欧州委員会は特定の国に対してＥＭＵに残留させるための勧告を行わざるをえなくなった。さらにドイツは安定協定の提唱者であったにもかかわらず、フランスの支持を得て協定に従うことを拒み二〇〇四年に大混乱を引き起こした。二〇〇五年六月二七日に閣僚理事会の採択した安定協定の改定でも、ＧＮＰの三％や六〇％という基準は維持されたが、過大な赤字をかかえた国が三％を一時的に超過することを正当化するため、特別な事情――これの定義があいまいであったが――を引き合いに出すことができるようになった。

ＥＭＵは、そのすべての加盟国がユーロに参加したわけではなかった。こうした状況でＥＭＵを機能させるという課題が現れた。ジョスパンは、ユーロ参加国の蔵相からなる非公式会合――ユーログループ――の設置を提案Ｇ７、欧州中央銀行政策理事会に代表を送ることになった。

ＥＣＢの総裁については、ドイツはオランダ中央銀行総裁ウィム・ドイセンベルクを推し、ジャック・シラク・フランス大統領は強いフラン論者のフランス銀行総裁ジャンクロード・トリシェを提案した。協議の末、ドイセンベルクの任期半ばでトリシェがあとを継ぐことになった。

二〇〇二年一月一日のユーロのコインと紙幣の投入は完全に成功した。しかし、ユーロ紙幣のデザインという、それに付随した象徴的な側面はそれほどではなかった。ユーロに連邦的な同盟への一歩を期待した人々がいたとすれば、彼らはそうした幻想を捨てなければならなかった。なぜなら、ユーロ紙幣は馴染みのある場所、歴史的事項、欧州の未来を決定づけた人物などとは無関係な、門、橋、窓などのデザインであったからである。欧州建設のもつ意味合いは、単なる交換手段であった紙幣には現れなかった。以前の各国の紙幣や、アメリカのグリーンバックといかに違ったことか。(51)『ル・モンド・ディプロマティーク』紙によれば、「欧州なしのユーロ」であった[52]。

ユーロの最近の歴史は、欧州連合の問題点を如実に現している。アメリカの金融界はEMUの目的を受け入れた[53]。例えば、ユーロの正式な投入の前日に投資銀行のJPモルガンは以下のように述べた。「EMUは新しい国家である。通貨同盟は、政治同盟につながらない限り持続しえない。この目的は何十年か実現しないかもしれないが、EMUはこの視点から把握されるべきであることに違いはない。この意味で、今日の各加盟国間の蹉跌は失敗とみるべきものではない。むしろ逆に、それらは変化の中身そのものなのである」[54]。たとえリスボン条約がユーログループに多少重みを与えたとしても、明確な政治的な統合計画が存在しない以上、ユーロは現在そして将来も欧州中央銀行によって運営され続けるであろう[55]。

ではユーロは金融危機から経済を防護してくれるであろうか。ユーロは誕生から一年半の間に、一ユーロ一・一七ドルから〇・八三ドルにまで（二〇〇〇年末時点）、ドルに対してその価値の四分の一を失った。もっともその後ユーロは大幅に上昇し、二〇〇四年末に一・三七ドル、二〇〇九年九月にははるかに高い水準に達した。最近のサブプライム金融危機は、ユーロのおかげで欧州諸国間の通貨切り下げ競争が避けられたことを示している。他方、二〇〇八年と二〇〇九年には財政赤字が急速に増大したなかで、強いユーロは欧州経済にとっては景気後退要因となっている。結論は明らかだ。ユーログループが意思決定を行なうことができ、ECB

との合意にもとづいてユーロ圏の為替政策を決めることができるような明確なエコフィン（財務大臣会合）にならない限り、ユーロと欧州連合は安定しないであろう。現時点で問われているのは、EMUを経済と通貨について統治可能なものにするために、ユーロにとって代わる新しい欧州通貨制度に移行すべきかどうかである。(56)

5　結　論

欧州の経済通貨同盟の歴史は国際通貨システムの失敗と深く結びついている。もっとも、欧州諸国が欧州連邦を拒絶したにもかかわらず、なぜEMUに単一通貨が導入されたのか、疑問に思えるかもしれない。単一通貨を求めたのは各国の政府や国民ではなかった。それを制定したのは政治指導者であった。彼らは国際通貨システムとドルの度重なる危機に駆り立てられた欧州の中央銀行家や産業家の支持を受けていた。スネークそしてEMSにより、欧州は国際通貨関係史上初めて「為替と物価の安定のもたらす制約を引き受ける」(57)政策により固く結合したブロックを形成したのである。

それでも、単一通貨の導入を自由主義の勝利とだけみるのは正しくない。単一通貨は、その副次的結果としての政治的同盟までは引き起こせなかったとはいえ、古くから欧州が共同体的単一性や共同のアイデンティティーを求めてきた心性の到達点でもある。初めはテクノクラートのための機構であった単一通貨は、ＥＣＢが政治的・社会的現実を考慮にいれた時には成長を促進させたが、欧州市民の望んだ統一性の象徴にはならなかった。単一通貨は、主権を分け合った新しい欧州機関の本来あるべき姿ではない。なぜなら通貨制度と政治制度の間の不均衡は明らかだからである。この政治的な統合の未成熟という民主制の欠如から、欧州市民のユーロに対する無関心、さらには不信が生まれている。[58] 単一通貨のみでは、欧州アイデンティティーの構築に内実を与えられない。しかし欧州の過去五〇年の歴史は、欧州統合が欧州とその周囲に平和をもたらし、長く引き裂かれていた土地に真の奇跡を起こして欧州人を和解させたことを示している。[59] ＥＭＵは欧州人の意識の深淵に源をもつこの安定に貢献しているのである。

注

（1）本稿の執筆に利用したアーカイブは以下のとおりである。
AMAE : Archives du ministère français des Affaires étrangères（フランス外務省文書館）
AFJME : Archives de la Fondation Jean Monnet pour l'Europe（欧州ジャン・モネ財団文書館）
AN : Archives nationales（国立文書館）

（2）ＥＰＵはマーシャル・プラン時代の欧州では為替の制限があったなかで、プランへの加盟諸国間の貿易を円滑なものにした。欧州の通貨が交換不可能であったということは、欧州内のＢ国に対して黒字を計上したA国が、当該B国の通貨で保有した債権を、C国に対する債務を支払うのに使えないことを意味した。ＥＰＵは、欧州諸通貨の振替を可能にした。以下を参照されたい。Gérard Bossuat, *L'Europe occidentale à l'heure américaine, 1945-1952*, Bruxelles, Complexe, 1992; Chapitre 2. Le développement de l'intégration économique, Eric Bussière, Michel Dumoulin, Sylvain Schirmann, in G. Bossuat, E. Bussière, R. Frank, A. Varsori, W. Loth, *L'expérience européenne, 50 ans de construction de l'Europe, 1957-2007*, Bruxelles, Bruylant, 2010.

（３）以下の欧州経済協力機構（ＯＥＥＣ）に関する議論を参照せよ。AMAE, CE 89, «Réponse italienne à l, OECE», 28 juin 1950.

（４）この制度は複雑な仕組みになっていた。各国ともＥＰＵに対して支払いのポジションをもった。ＥＰＵの憲章により、各国について、そのＯＥＥＣ諸国との貿易額の一五％に相当した基準割当額が設定された。これはＯＥＥＣ内の他の国々に対する黒字を自動的に決済し、各加盟国が各々の基準割当額の六〇％だけ拠出した共同の基金を形成するための基準となった。ある国の赤字や黒字の決済は金または信用供与によって行われた。これらの複雑な機構はバーゼルの国際決済銀行（ＢＩＳ）によって運営されていた。ＢＩＳは各国の「勘定」を管理し、債権と債務の相殺を行い、基準割当額の範囲内で自動的に信用を供与した。ある国の赤字が基準割当額の二〇％を超えなければ、それはＥＰＵの信用供与によってカバーされた。赤字が二〇％と四〇％の間なら、その国は赤字の五分の一を金かドルで返済しなければならず、残りはＥＰＵの信用供与によりカバーされた。逆に黒字を計上した場合には、それが基準割当額の二〇％以上であれば部分的に金かドルで支払われ（二〇％と四〇％の間なら黒字額の半分が金で支払われ）、残りの黒字額はＥＰＵに融資された。要するに、ある国が赤字であるほど、金とドルを支払わされた。合計では決済の六〇％は信用供与によって行われ、四〇％は金かドルで行われた。ＥＰＵはこうして赤字国が収支を均衡させるよう、仕向けたのであった。一九五五年にはこのシステムは厳格化され、収支の七五％が金で決済されるようになった。

（5） 欧州経済共同体条約の第一〇四、一〇五、一〇七条参照。Chapitre 2. Le développement de l'intégration économique, Eric Bussière, Michel Dumoulin, Sylvain Schirmann, *op.cit.*

（6） 以下を参照。*Robert Triffin, conseiller des princes,* CIACO, Bruxelles, 1990, p.99 (projets de l'automne 1957), p.103 (projet de décembre 1957) et p.108 (projet de novembre 1958).

（7） AFJME, AMK 9/4/3, 2e projet de note en vue de la réunion des 16 et 17 octobre 1958.

（8） AFJME, AMK 10/5/10, centre de documentation du CAEUE, l'action financière nécessaire pour compléter le Marché commun, 6e session, avril 1959.

（9） 19-20 novembre 1959, 7e session du CAEUE, Paris.

（10） Communauté économique européenne – Commission. «Mémorandum de la Commission sur le programme d'action de la Communauté pendant la deuxième étape» Bruxelles, Service des publications des Communautés européennes, 1962, 24 octobre 1962, p.5-11; 25-43; 53-58, disponible sur www.ena.lu/memorandum_commission_24_octobre_1962-010003173.html

（11） Chapitre 2. Le développement de l'intégration économique, Eric Bussière, Michel Dumoulin, Sylvain Schirmann, *op. cit.*

（12） Gérard Bossuat, «La Communauté européenne, une nouvelle puissance dans le jeu des Etats-Unis des années 1970», in Pierre Mélandri et Serge Ricard (dir. de), *Les Etats-Unis entre uni- et multilatéralisme, de Woodrow Wilson à Georges W. Bush*, L'Harmattan, Paris, 2008.

（13）これらの用語は、以下の資料に現れている。AFJME, AMK 13/5/7, 28 juin 1961 (8); AMK 13/6/3, (3) 27 juin 1961.

（14）AFJME, AMK 11/4/11, n° 10, V.H. projet de déclaration du Comité. 行動委員会の事務局長ジャック・ヴァンエルモン（VH）は欧州の金融政策に関するデルクールのメモに依拠している。

（15）詳細は以下のとおりである。すなわち、すべての為替レート変更の際、事前の相互承認、加盟国の通貨間で従来は許容されていた変動幅の撤廃、相互支援制度と共同体共通の計算単位の制度の実効性ある実施、国際通貨機関内での行動の調和である。

（16）「一九六九年二月一二日に欧州委員会が示した覚書にもとづき、また当該委員会との緊密な協力のもと、経済通貨同盟の形成を目指して、一九七〇年内に段階別の計画が策定される」、5AG2 665, dossier Woimant, SGCI, CIQCEE n° 39, 5 décembre 1969, questions relatives aux problèmes européens, conférence des chefs d'Etat et de gouvernement, La Haye, 1-2 décembre 1969, communiqué final.

（17）バール案については、以下を参照せよ。I. Maes, «Projets d'intégration monétaire à la Commission européenne au tournant des années 1970» in E. Bussière, M. Dumoulin, S. Schirmann, *Milieux économiques et intégration européenne au XXe siècle, La crise des années 1970*, PIE Peter Lang, 2006, pp.35-50.

（18）ウェルナーは、ベルギー国立銀行総裁ユベール・アンシオー、ジャンシャルル・スノワエドピュエール、レモン・バール、ロバート・トリフィン、そしてジャン・モネの意見を打診していた。トリフィンは共同体の単一通貨を管理する連邦的な準備制度の構想を練っていた。Archives Triffin, p.11, dactylographié, *Vers l'Union économique et monétaire de la Communauté* par Robert Triffin, Comité d'Action pour les Etats-Unis d'Europe, 15 juillet 1970.

(19) ＥＭＵの起源については以下を参照。*Le rôle des ministères des Finances et de l'Economie dans la construction européenne (1957-1978),* Paris, CHEFF, tome 1, 2002.

(20) AN, Fonds Georges Pompidou, 5 AG2 1047, CT, 7 décembre 1970, note pour M. le Président, préparation de la réunion restreinte du mercredi 9 décembre sur les questions européennes.

(21) Archives de l'Union européenne – Florence, fonds Emile Noël, EN 1049, P/72/71, du 3 février 1971 «Note pour M. le président Malfatti, rencontre avec M. le président Schumann (Paris, 4 février)».

(22) AN, Fonds Georges Pompidou, 5AG2, Archives Jobert, 7, SGCI, JR Bernard, 28 février 1971, «Note d'information, mise en œuvre prochaine de certaines mesures de la première étape du plan d'UEM».

(23) AFJME AMK C 9/7/25, Déclaration de M. Jean Monnet à la suite de l'interview de M. Karl Schiller à *l'Express.*

(24) AFJME, AMK C 9/7/25, idem.

(25) Jean Denizet, *Le Dollar: Histoire du Système monétaire international depuis 1945,* Fayard, 1992.

(26) AN, Fonds Georges Pompidou, 5 AG2, 1011, conseil restreint du 7 février 1972 pour la

préparation de la rencontre gouvernement français et gouvernement allemand des 10 et 11 février 1972.

(27) AN, 5 AG2 1011, cr conseil restreint du 7 février 1972 sur la préparation de la rencontre du gouvernement français et du gouvernement allemand les 10 et 11 février 1972 ; 5AG2 1062, 25 janvier 1972, JRB, note pour M. Jobert, conversation avec M. Marjolin ; et 25 février 1972 JRB, note pour M. Jobert, voit M. Schollhörn à Bonn sur l'UEM.

(28) AN, Fonds Georges Pompidou, 5AG2 138n cr entretiens Pompidou-Brandt du 10 février 1972, 17h 00 ; 5 AG2 1011, 2e entretien Pompidou/ Brandt, et Chaban-Delmas, Schumann, Giscard d'Estaing, Scheel, Schiller.

(29) AN, Fonds Georges Pompidou, 5 AG 2, Archives JB Raymond, 1, Conférences des Chefs d'État et de Gouvernement, Paris le 18-21 octobre 1972, déclaration. (Parités fixes, convertibilité des monnaies, régulation des mouvements de capitaux, réduction du rôle des monnaies comme instrument de réserve, égalité des droits et devoirs entre nations.)

(30) AFJME, AMK C 1/41/358, 15 février 1973, de Monnet à Wehner.

(31) AFJME, AMK C 1/36/106, du 14/02/1973 déclaration de M. Schmidt, ministre des Finances sur la crise monétaire actuelle.

(32) AFJME, AMK C 1/41 / 360 de Wehner à Monnet traduction, 17 février 1973.

(33) Jean-Marc Boegner, *Le marché commun des six à neuf,* Armand Colin, 1974, U prisme, p.5.

(34) AFJME , ARM 36/4 conférence de presse de Marjolin le 4/12/75.

（35）例えば以下をみよ。Bino Olivi, Alessandro Giacone, *L'Europe difficile, la construction européenne*, Folio Histoire, Gallimard 2008, p.146 et seq.

（36）Cité par I. Maes, «La commission européenne, le SME et la relance du processus d'UEM dans les années 1980» in Eric Bussière, Michel Dumoulin, Sylvain Schirmann, *Milieux économiques et intégration européenne au XXe siècle. La relance des années 1980, Paris, CHEFF,* 2008.

（37）ＥＣＵは、各国の、ＥＥＣ全体のＧＤＰにおける割合とＥＥＣ内の貿易に占める割合に応じて加重された、各国通貨の「バスケット」で構成された計算単位である。ＥＣＵの構成は五年ごとに見直された。各通貨の価値はＥＣＵに対して設定され、基準相場より上下とも二・二五％以上乖離してはならなかった（この変動幅は新規加盟国については一時的に六％とされた）。

（38）以下による。Charles N. Stabler, "Ripple effects, decline of the dollar poses broad threats to American Economy", *Wall Street Journal*, 18/08/1978, et Jonathan Spirak, "Europe's move toward stable currencies causes enthusiasm, and concern in US", 30/10/1978, *Wall Street Journal, in Dimitri Grygowski, Les États-Unis et l'unification monétaire de l'Europe, Bruxelles, Peter Lang, 2009.*

（39）一九九二年九月に投機筋はイタリア・リラと英ポンドを攻撃し、この二通貨は同月一七日に為替メカニズムを離れて変動相場に移行した（二通貨ともただちに一五―二〇％下落した）。他方スペイン・ペセタは五％切り下げられた。またフランス・フランも攻撃されたが、マルクに対する平価はブンデスバンクの援護を得て守られた。次に投機は一一月一九日にスウェーデン・クローナ、一二月一〇日にノルウェー・クローネを標的にした。一九九三年一月三一日にアイルランド・ポンドが切り下げられ、五月一三日にはスペイン・ペセタとポルトガル・エスクードが続いた。その後、フランス・フランへの投機がさらに進行した。

（40）　Pierre Gerbet (dir.), Gérard Bossuat, Thierry Grosbois (ed), *Dictionnaire historique de l'Europe unie,* A. Versaille éditeur, Bruxelles, 2009, 1200 pages. 以下の項目をみよ。«Union économique et monétaire».

（41）　Pierre Du Bois, *Histoire de l'Europe monétaire, 1945-2005, euro qui comme Ulysse,* PUF, Paris, 2008, p.77.

（42）　Niels Thygesen, «Etude critique des zones cibles et réflexions sur l'expérience du SME», in La *France et les institutions de Bretton Woods, 1944-1994,* CHEFF, 1998, p.277.

（43）　Georges Saunier, «L'Elysée et l'organisation économique de l'Europe, 1981-1985», in *Milieux économiques et intégration européenne au XXe siècle,* séminaire organisé par E. Bussière, S. Schirmann, M. Dumoulin, 2001-2002, CHEFF, p.195.

（44）　Bino Olivi, op. cit., p.235.

（45）　経済通貨同盟は、第二章で規定されている。それは、一九九二年二月七日のマーストリヒト条約の第一の柱（共同体の部）の欧州経済共同体条約を修正したものである。

（46）　Pierre Du Bois, *Histoire de l'Europe monétaire, op.cit.,* p.112.

（47）　以下の論文を参照せよ。Luc Moulin, «L'AUME au service du projet d'Europe monétaire», dans Collectif, *Milieux économiques et intégration européenne au XXe siècle, La relance des années quatre-vingts (1972-1992),* CHEFF, 2008.

(48) イギリスとデンマークは将来の参加の含みを残しながらも辞退し、スウェーデンはいまだ時期尚早だとし、ギリシャは収斂基準を満たしていなかった。スウェーデンは二〇〇四年九月一四日に国民投票によりユーロへの参加を否決した（反対は五六・一%）。デンマークも二〇〇〇年九月二八日に国民投票を行い、反対五三・一%でユーロ参加を否決した（投票率は八九%近くにおよんだ）。その主たる理由は欧州懐疑主義《ユーロスケプティシズム》と「ブリュッセルの官僚主義」への嫌悪感であった。

(49) 以下をみよ。Daniel Vernet, *Le Monde,* «L'Europe et l'inévitable couple Paris-Bonn», 13 juin 1997.

(50) Hans Tietmeyer, entretien au *Monde,* 17 octobre 1996, et Pierre Bourdieu, «Contre la pensée Tietmeyer, un Welfare State européen», *Libération,* 25 octobre 1996；以下もみよ。Bernard Cassen, «Passage en force pour la monnaie unique, sous la poigne de fer de la Banque centrale allemande», *Le Monde diplomatique,* novembre 1996.

(51) Bruno Théret, «L'euro en ses tristes symboles», Le Monde diplomatique, décembre 2001.

(52) Jean-Claude Guillebaud, «L'euro sans l'Europe», *Le Monde diplomatique,* février 2002.

(53) Dimitri Grygowski, «Les milieux financiers américains et l'euro», *Recherche socialiste,* 18, mars 2002.

(54) "EMU is a new nation. Monetary union is unsustainable unless it leads to political union. This goal may not be reached for several decades, but EMU should be judged with this end point in mind. In this respect, conflict among countries should not be viewed as a sign of failure. Instead, it will be grease for the wheels of change". J.P Morgan, "E.M.U is born", *Economic Research Note,* Morgan Guaranty Trust Company, 30/12/1998.

（55）以下の、リスボン修正条約への付随書を参照せよ（JOUE 17/12/2007, C 306/1）。
「第一条
　加盟国のうちユーロを通貨としている国の財務大臣は非公式に会合を開く。これらの会合は、単一通貨に関して各財務大臣が共有する問題を協議する必要のある場合に開かれる。これらには欧州委員会も参加する。会合は、加盟国のうちユーロを通貨とする国の財務大臣と欧州委員会の代表者によって
第二条
　加盟国のうちユーロを通貨とする国の財務大臣は、これらの加盟国の過半数の支持を得て、二年半の任期の議長を選出する。」In http://eur-lex.europa.eu/JOHtml.do?uri=OJ:C:2007:306:SOM:FR:HTML, consulté le 29 décembre 2009.

（56）この考えは以下で主張されている。Christian de Saint-Étienne, *La fin de l'euro*, Paris, Bourin éditeur, 2009, p.134-138.

（57）Dominique Plihon, «Des gouvernements désarmés», *Le Monde diplomatique*, décembre 2001.

（58）Plihon, *Idem*.

（59）これが戦後史から判明することである。以下を参照せよ。Gérard Bossuat, *Histoire de l'Union européenne, fondation, développement, avenir*, Paris, Belin, 2009.

第4章　グローバリゼーションとクレジット危機

エリ・レモロナ
エリック・チャン

アメリカ不動産市場の一部で発生した問題がいかにしてグローバルな危機にエスカレートしたのか？　筆者は、サブプライム市場における破綻がグローバルなクレジット市場で発生していた大規模なバブルの崩壊を引き起こしたと考えている。このバブル崩壊は世界の大銀行が保有していた金融商品に巨額かつ伝播性の評価損をもたらした。評価損の伝播状況を分析するため、三八の主要なアジアの借り手に関するクレジット・デフォルト・スワップ（ＣＤＳ）のスプレッドを精査した結果、評価損はもっぱらグローバルな投資家によるリスク回避行動によるものであることが判明した。これは、景気連動性を抑制するような（countercyclical）マクロ・プルーデンス政策、及びその簡潔なインディケーターとしてのリスク回避に関する指標の重要性を裏づけるものである。

1　はじめに

アメリカサブプライム市場で発生した問題が、なぜグローバルな規模の金融危機に発展したのであろうか。仮にアメリカ、欧州の金融機関の損失がサブプライム・ローンの焦付きによるものに限定されていたのであれば、それは比較的容易に吸収され、グローバル危機は避けられたであろう。だが、これらの金融機関はその他多くの金融商品についても膨大な損失を被り、結果としてそのうちのいくつかは所在国の政府によって救済されなければならなかったのである。アジアも例外ではなかった。サブプライム関連のエクスポージャーが極めて限定されていた地域にもかかわらず、借り手のクレジット・スプレッドはアメリカや欧州と並行して拡大した。

本稿ではサブプライム融資の焦付きがグローバル化した新しいクレジット市場での大規模なバブルの崩壊をもたらしたことを示す。バブルの崩壊は膨大な評価損を発生させ、損失は累増した。評価損をデフォルトによる損失と切り離して分析した結果、筆者は評価額下落の大部分がリスクそのものの増大に加えて、「リスクの価格」の増大をも反映していることを見出した。アジアへの危機が波及したのは、リスク回避志向の増大によるリスクの価格付けの見直し（リプライシング）がグローバルな現象であったという理由によるものであった。

本稿ではこの点について、主要なアジアの借り手をサンプルとした実証的なエビデンスを提供したい。すなわち、危機においてクレジット商品の評価額が低下する時、その主因はデフォルトリスクに関する評価の変化というより、リスク回避志向の強さと密接に関連するクレジット・リスク・プレミアムの動向を映じたものであることが示された。クレジット・スプレッドを計測するために、継続的かつ活発な取引が行われているクレジット・デフォルト・スワップ（CDS）契約を参照した。[1] デフォルトリスクの計測については、ムーディーズKMVが提供する借り手のデフォルトに関する危険度指数（EDF）[2] を使用した。EDFは、当該企業のバランス・シート及び資産・負債の市場価格及び資産価格のボラティリティー等の情報を元に計算されている。したがってEDFは経済活動の低下による波及効果を考慮したフォワードルッキングな推定値である。本稿の実証分析は、アジアの借り手のクレジット・スプレッドについても、その動向がデフォルトリスクの変化だけでなく、グローバルなリスク回避志向により大きく影響されていることを示唆するものである。(3)

以下、本稿では、2（第2節）において危機の増幅と波及の問題を考察し、グローバルなクレジットバブルの崩壊がかかる増幅をもたらしたとの仮説を提示する。次に3（第3節）では、本稿の分析フレームワークと使用されるデータ、すなわちアジア関連のCDSスプレッド、EDF及びCDSの諸指標に関する基礎的事実を提示する。4（第4節）では、スプレッドとEDFをそれぞれ対数化して両者の関係を定式化した後、リスク回避度を表す簡潔な指標として、パネル回帰分析による時間に関する固定効果（time fixed effects）を推定する。5（第5節）で結論を提示する。

2　危機のグローバル化

二〇〇七年から二〇〇九年にかけてのグローバル・クレジット危機はアメリカのモーゲージ市場のなかでも比較的小規模な部分、すなわち変動利付きサブプライム・モーゲージ市場に端を発した。二〇〇五年から〇七年にかけてかかるサブプライム関連債務の残高は一兆ドルに達したが、これはアメリカの全モーゲージ残高一一兆ドルに比べれば小さいものであった。グリーンローら（Greenlaw et al, 2008）は、サブプライム債のデフォルトによる損失は、それが住宅価格の下落を通じてもたらす二次的な効果を含めて五、〇〇〇億ドル程度と推計している。アメリカの金融機関が保有していたのは当該債務のうち全体の半分以下であったことを考慮すると、その損失額は総資産の一％程度であり、さほどの困難を伴わずに処理可能なレベルであった。

このように十分対処可能なはずであったアメリカのサブプライム問題が、なぜかグローバルな規模の危機に増幅されていった。世界全体の金融機関が蒙った損失額は、グリーンローらの推計をはるかに上回るオーダーとなっている（Greenlaw et al, 2008）。その大半は、実際のデフォルトによるものでなく、銀行が保有するクレジット商品の評価額低下を反映したものであった。オランダの大手銀行ＩＮＧはこうした評価損のみによって破綻し、オランダ政府による救済を余儀なくされた。ＩＭＦ（IMF, 2009, xi）の最新の推計によれば、先進国の市場で組成された債権にかかわる金融機関の償却額は四兆ドルに達しうるとされており、これはグリーンローらによるサブプライム債関連ロスの八倍にも達している（Greenlaw et al, 2008）。ユーロ圏、イギリス、アメリカの政府は七兆ドルに上る救済パッケージにコミットしており、すでにそのうち三兆ドルが実行された(4)。

増幅の実態

今回の危機の基本的な背景についてはそれぞれ異なった増幅メカニズムを含む二通りの解釈が存在し、そして二通りの解釈は全く異なった政策的インプリケーションにつながる。一つは、危機がアメリカサブプライム市場でたまたま生じた悪質な「事故」の結果に過ぎないとする。すなわち、危機は当該市場にかかわる金融機関のより適切な監督と、それら機関によるより厳格なリスク管理によって防止できたはずであったことになる。今一つの見方は危機が起こるべくして起き、仮にサブプライム市場の問題がなかったとしても防げなかったというものだ。この見方によれば、危機を防止もしくは軽減するためには適切なマクロ・プルーデンス政策の遂行が必要になるのである。

危機がアメリカサブプライム市場の「事故」に帰するという見方においては、その増幅メカニズムの一つは実体経済と金融システムの間のポジティブ・フィードバック（positive feedback）を通じるものである。すなわちサブプライム市場の損失が貸出の減少を通じて経済活動を低下させる。そしてそれがさらなる損失に結びつく。いま一つこの見方に整合的なメカニズムとして考えられるのは、ブルンナーマイアが提示した流動性スパイラルだ（Brunnermeier, 2009）。流動性スパイラルは、高レバレッジを伴った金融活動に特有の期間のミスマッチによってもたらされる。資産価格と流動性が危機に伴って低下する際、金融機関が保有する担保の価値が低下し、資金調達が困難化した金融機関がレバレッジを低下させ、これがさらなる資産価格の低下を招くのである。

一方、危機が必然的に起きたとの見方では、増幅メカニズムの一つはグリーンローら（Greenlaw et al, 2008）が主張するデレバレッジである。危機に先立つ期間において金融機関がレバレッジ水準を急速に高めていた。しかし、いったん損失が発生すると通常の目標レバレッジに戻ろうとすることからデレバレッジが必要になる。例えば、目標レバレッジを一〇対一、デフォルト損失を五、〇〇〇億ドルとすれば、金融機関が損失をカバーする資本を調達しない限りバランスシートを五兆ドルも縮小しなければならない。今回の危機においては、バランスシートの縮小が資産の売却と貸出縮小の両面によって行われ、ともに状況をいっそう悪化させた。ゴートンの論文（Gorton, 2009）では、いま一つの増幅メカニズムが提起されている。ここでは「シャドー・バンキング・システム」に発生するパニック、すなわち金融機関がレポ市場から逃避することで金融機関同士での事実上の取り付けが発生することに焦点が当てられている。これが大規模なデレバレッジを通じて銀行システム全体の破綻につながるということだ。こうした取り付けにおいて特徴的なのは、債務担保証券（CDO）をはじめとするような複雑な金融商品が忌避されるという現象であった[5]。

こうした増幅現象のなかでも興味深いのは、危機がアジアのクレジット市場にいかに影響したかである。アメリカサブプライム市場へのエクスポージャーが極めて少なかった同地域においても、主要な借り手にかかわるクレジット・デフォルト・スワップ（以下CDS）のスプレッドはアメリカや欧州の主要企業と同じくらいに拡大してきた。こうした拡大についてポジティブ・フィードバック、流動性スパイラル、あるいはデレバレッジの影響はほとんど確認されていない。こうした危機のグローバル化を説明するために、筆者はクレジット市場におけるバブルの崩壊という仮説を提示したい。

クレジット・バブルの生成と崩壊

筆者は、クレジット・スプレッドに反映されるアジアへの危機の伝播がより大きな現象、すなわち長期間にわたって生成し、危機のなかで崩壊したグローバルなクレジット・バブルの一部であったと主張する。そうしたバブルによって危機が増幅するメカニズムを説明することができよう。危機が大規模になったのはバブルの規模自体が巨大であったからであり、サブプライム危機はいわば巨大なバブルという名の風船を破裂させるピンの役割を果したに過ぎなかった。危機がグローバルであったのは、バブルがまさしくグローバル化したクレジット市場で生成したからであった。

本稿では、クレジット市場での価格形成についてＣＤＳのデータを用いて分析を試みる。ＣＤＳスプレッドを使用する一つのメリットはこれが単純なデリバティブ取引にかかわるものであるので複雑性の問題を伴わないからだ。二〇〇〇年代の初頭からＣＤＳ取引は利用可能なクレジット商品のなかでももっとも流動性に富み、金融危機においても一定の流動性を保持しうるものの一つであった。とりわけ大規模に取引されていたのは、アメリカ企業に関するDJ CDX NA IG Index、欧州企業に関するiTraxx Europe Index、日本を除くアジア企業をカバーするiTraxx Asia ex-Japan IndexなどのＣＤＳのインデックス取引である。DJ CDX NA IG Indexは一二五のアメリカの投資適格企業、iTraxx Europe Indexは一二五の欧州の投資適格企業、そしてiTraxx Asia ex-Japan Indexは六四の企業と六ヶ国のソブリンもの、うち五〇が投資適格で二〇はハイ・イールドものとなっている。おのおのの指標はいずれも当該指標のカバーする商品のスプレッドを単純平均して算出されている。

ＣＤＳ指標の動向からは、グローバルなクレジット・バブルがほぼ五年間近くかけて生成したことが窺われる。図４―１にみられるように、代表的な二つの指標は二〇〇二年末頃から低下を開始した。二〇〇三年の五月末にはDJ CDX NA IG Indexは七七ベーシス・ポイント（以下bps）Europe Indexは五二bpsであった。両指標ともその後四年間にわたってさらに低下していった。二〇〇七年の五月までにアメリカの指標が三一bps、欧州の指標は二〇bpsと、かつての五分の二程度にまで低下している。こうしたスプレッドの縮小は指標の裏付けとなっているアメリカ企業の社債価格が平均して二・三％、同じく欧州の社債が一・六％、それぞれ上昇したことを意味している。これらは投資適格企業の債券としては異例な価格上昇であり、グローバルなクレジット市場でのバブルが膨らんでいたことを示唆している。

クレジット・バブルの収縮は一般的には二〇〇七年の八月九日、すなわちBNPパリバがアメリカのサブプライム向けエクスポージャーで巨額のロスを抱えた同行傘下の三つのファンドの評価（基準価格の算出）を停止した日に始まったとされている。これ以降不動産担保（もしくは不動産を裏づけた）短期債に止まらず、資産担保のコマーシャル・ペーパー全般の残高が広範かつ恒常的に減少していくこととなった。バブルは、二〇〇八年の三月一五、一六日の週末に、流動性問題からベアー・スターンズ証券がJPモルガン・チェイスによる吸収合併を余儀なくされた時に再び破裂した。三度目、かつ最も深刻であったバブルの崩壊は二〇〇八年九月一五日のリーマン・ブラザーズ、及びその数日後のワシントン・ミューチュアルの破綻によるものであった。

図4-1　CDS指標（ベーシス・ポイント）

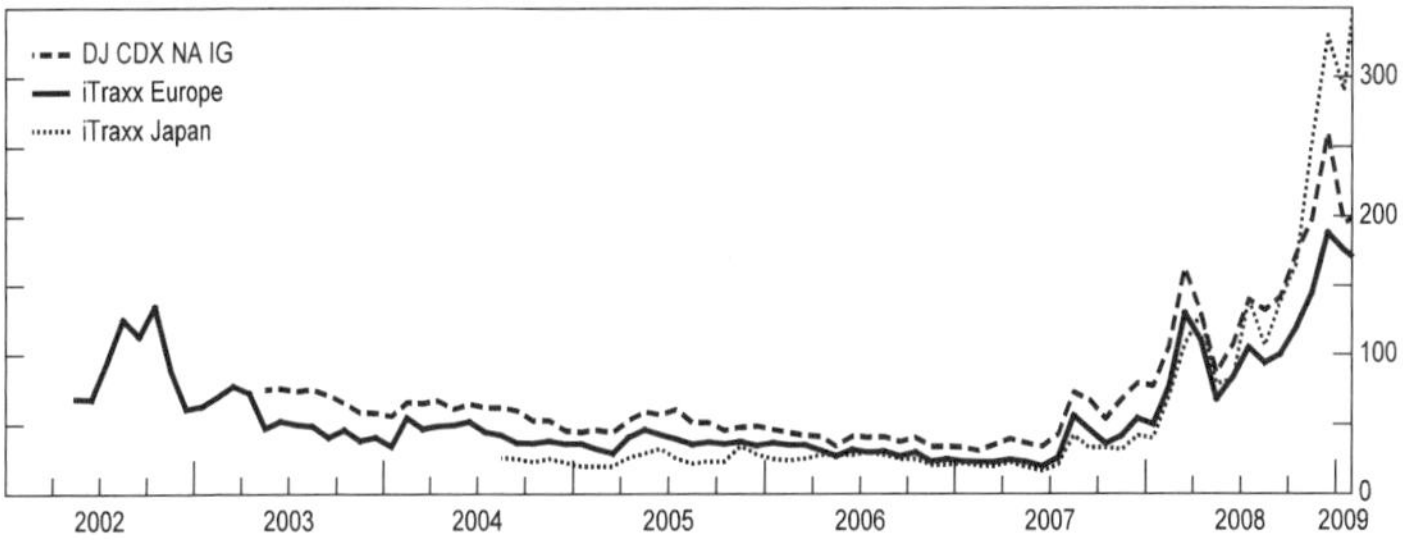

CDS indices are equal-weighted averages of the spreads on the underlying 5-year CDS contracts.
Source: JPMorgan Chase.

二〇〇八年一一月までに、アメリカのＩＧ指標は二四〇bpsに、欧州の指標は一八〇bpsまで上昇した。こうしたスプレッドの上昇はアメリカの投資適格社債における一〇・四％の価格下落に、欧州については同八・〇％の下落に相当した。危機の直前の二〇〇七年七月末にはグローバル社債市場の規模は四八兆ドルに達していた。仮に前記指標の動きが社債市場全体を代表するものと仮定すると、金融危機による評価損は四・一兆ドルに達したことになる。そしてクレジット市場はアジアの借り手をも区別しなかったようである。市場が混乱した同期間において iTraxx Asia ex-Japan Index に含まれる借り手向けのスプレッドは三二〇bpsも上昇したのであった。

かかるクレジット・バブルの生成と崩壊は、クレジット価格のいかなる要素にかかわるものであったのであろうか。本稿ではこの問いに応えるため、クレジット・スプレッドを二つの要素、すなわちデフォルトリスクとデフォルトリスクにかかわるリスク・プレミアムに分解する。二〇〇二年から〇七年にかけてバブルが醸成された時、それは投資家がデフォルトリスクの低下を信じていたからであろうか、それともデフォルトリスクの価格が低下した、言い換えれば投資家がデフォルトリスクに対して以前より低い見返りで満足するようになったからであろうか？　そしてバブルが崩壊したのはデフォルトリスクの上昇とデフォルトリスクの価格の上昇のどちらが主因であったのであろうか？

3 分析のフレームワークとデータ

リスク中立確率と即物的確率

本稿では、クレジット商品の評価に際してリスクそのものとリスクの価格を区別することが可能となるようなフレームワークを構築する。このフレームワークを以下のように、「リスク中立的」なデフォルト（による）期待損失としてのクレジット・デフォルト・スワップ（CDS）と、「即物的（physical）」なデフォルト確率としてのデフォルト頻度（EDF）に適用する。

CDSスプレッドは、以下のように分解することができる。

CDSスプレッド＝（実際の）期待損失＋デフォルトリスク・プレミアム

（CDS spread = (Actual) Expected Loss + Default risk premium）

技術的に言うと、CDSスプレッドはリスク調整済み（もしくはリスク中立的な）の期待損失比率として表すことができる。すなわち、

$$CDS_t = E_t^Q(\lambda^Q L)$$

λ^Q はリスク中立的デフォルト強度（default intensity）、L はデフォルト時の損失比率（loss given default）を表す。[6] 重要なのは、これが実際の期待損失比率 $E_t^P(\lambda^P L)$ と異なる可能性があることだ。

まず λ^Q が即物的なデフォルト強度 λ^P と異なる可能性があり、かつ λ^Q の動向に関する不確実性からリスク・プレミアムが生じるからである。こうしたことからデフォルトリスクについてのリスク・プレミアムは無視しえないものとなる。実際、ドリーセン（Driessen, 2005）

によれば λ^Q は平均して λ^P の二倍であり、アマートとレモロナ（Amato and Remolona, 2005）では、BBB/Baa 格付けについて四倍と計測しており、ベルントら（Berndt et al., 2008）は λ^Q / λ^P が時間によって変化するとしている。すなわち、ＣＤＳスプレッドの変化のうちかなりの部分が可変的なデフォルトリスク・プレミアムの変動を映じたものである可能性がある。

　ＣＤＳスプレッドの変化のうちどのくらいがデフォルトリスク・プレミアムの変動によるものかを定量的に把握するためには、実際の期待損失を計算するために即物的な（physical）デフォルト確率についての情報が必要となる。このため本稿では、ベルントら（Berndt et al., 2008）のアプローチに倣ってムーディーズＫＭＶが計算しているＥＤＦを即物的デフォルト確率の代理変数として使用する。以下に示すように、ＥＤＦはクレジット・リスクについてのマートン型構造モデルにより算出され、企業のバランスシート、資産価値、株価のボラティリティーのデータが用いられる。

　すなわちＡ社の期間 τ 年における t 時点でのＥＤＦは以下のように定義される。

$$EDF_{t,\tau} = 1 - P(t, t+\tau)$$，

$P(t,t+\tau)$ は、t 期に存在する企業が τ 後にも引続き生存する現実の（即物的）確率である。τ が比較的短期、例えば１年の場合、

$$EDF_{t,\tau} \approx E_t^P\left(\int_t^{t+\tau} \lambda^P(s) ds\right)$$

であるため、

即物的なデフォルト強度 λ^P は以下の関係式を基に $P(t,t+\tau)$ から推計可能である。

$$P(t,t+\tau) = E_t^P\left[\exp\left(-\int_t^{t+\tau} \lambda^P(s) ds\right)\right]$$

すなわち、現実の期待損失は一年のＥＤＦに平均損失比率を乗じて近似できる。

こうしたＥＤＦと即物的なデフォルト強度の密接な関係を勘案して、本稿ではＣＤＳスプレッドの回帰分析においてＥＤＦをデフォルトリスクの代理変数として用いることとする。以

下に示すように、ＥＤＦは当面の経済情勢に関する投資家の見通しを織り込んだフォワードルッキングなデフォルトリスクの指標である。

データ

本分析において使用するのは、二〇〇五年一月から二〇〇九年一月までの、日本を除くアジアの三八企業に関するＣＤＳスプレッドとＥＤＦの月次データである。ＣＤＳのデータはMarkIt、ＥＤＦはムーディーズＫＭＶから入手した（表４—１に対象企業名）。このデータはiTraxx Asia-ex-Japan のＣＤＳインデックス（投資適格、ハイ・イールド双方を含む）に含まれていた銘柄のうち、ＣＤＳ、ＥＤＦ双方について完全な月次データが得られた部分である。本稿でこの三八企業に着目したのは、これら企業のデフォルトリスクがアメリカのサブプライム市場の問題から直接的な影響を受けるとは考えられなかったからである。ＥＤＦについては企業関連のものが得られるが、ソブリンものは存在しない。三八企業には、金融機関七社、電気通信七社、半導体四社が含まれている。地域別には韓国一〇社、シンガポール六社、インド五社、中国、マレーシアが四社、香港、タイが三社、インドネシア、フィリピン、台湾が一社となっている。

月次のＣＤＳスプレッドのデータは、各月の日次データで最も遅いものを用いており、ほぼ

表 4-1　アジアのサンプル企業 38 社

企業名	國・地域	産業分類
Bank of China Ltd.	China	Banking
CITIC Resources Holdings Ltd.	China	Diversified
CNOOC Ltd.	China	Oil and Gas
Xinao Gas Holdings Ltd.	China	Energy
Hutchison Whampoa Ltd.	Hong Kong	Diversified
PCCW HKT TEL Ltd.	Hong Kong	Telecommunication
Road King Infrastructure Ltd.	Hong Kong	Infrastructure
Bank of India	India	Banking
ICICI Bank	India	Banking
Reliance Communications Ltd.	India	Telecommunication
Reliance Industries Ltd.	India	Oil Refining
Tata Motors Ltd.	India	Automobile
PT Indosat Terbuka	Indonesia	Telecommunication
Hana Bank	Korea	Banking
Hynix Semiconductor Incorp.	Korea	Semiconductor
Hyundai Motor Co.	Korea	Automobile
Industrial Bank Korea	Korea	Banking
KT Corp.	Korea	Telecommunication
Korea Electric Power Corp.	Korea	Electricity
POSCO	Korea	Steel
Samsung Electronics Co. Ltd.	Korea	Electronics
SK Energy Co. Ltd.	Korea	Oil Refining
SK Telecom Co. Ltd.	Korea	Telecommunication
Genting Bhd.	Malaysia	Casino / Hotel
IOI Corp. Bhd.	Malaysia	Agriculture
Telekom Malaysia Bhd.	Malaysia	Telecommunication
Tenaga Nasional Bhd.	Malaysia	Electricity
Philippines Long Distance Telephone	Philippines	Telecommunication
Capitaland Ltd.	Singapore	Real Estate
Chartered Semiconductor Manufacturing Ltd.	Singapore	Semiconductor
China Fishery Group Ltd.	Singapore	Fishery
Noble Group Ltd.	Singapore	Diversified
Stats Chippac Ltd.	Singapore	Semiconductor
United Overseas Bank	Singapore	Banking
Cathay Financial Holdings Co. Ltd.	Taiwan	Insurance
Aromatic Thailand Public Co. Ltd.	Thailand	Petrochemicals
PTT Aromatics and Refining Pub. Co. Ltd.	Thailand	Oil Refining
PTT Public Co. Ltd.	Thailand	Oil and Gas

Source: Bloomberg.

図 4-2　サンプル企業の CDS スプレッドと期待損失

Averages over 38 Asia-ex-Japan names, in basis points

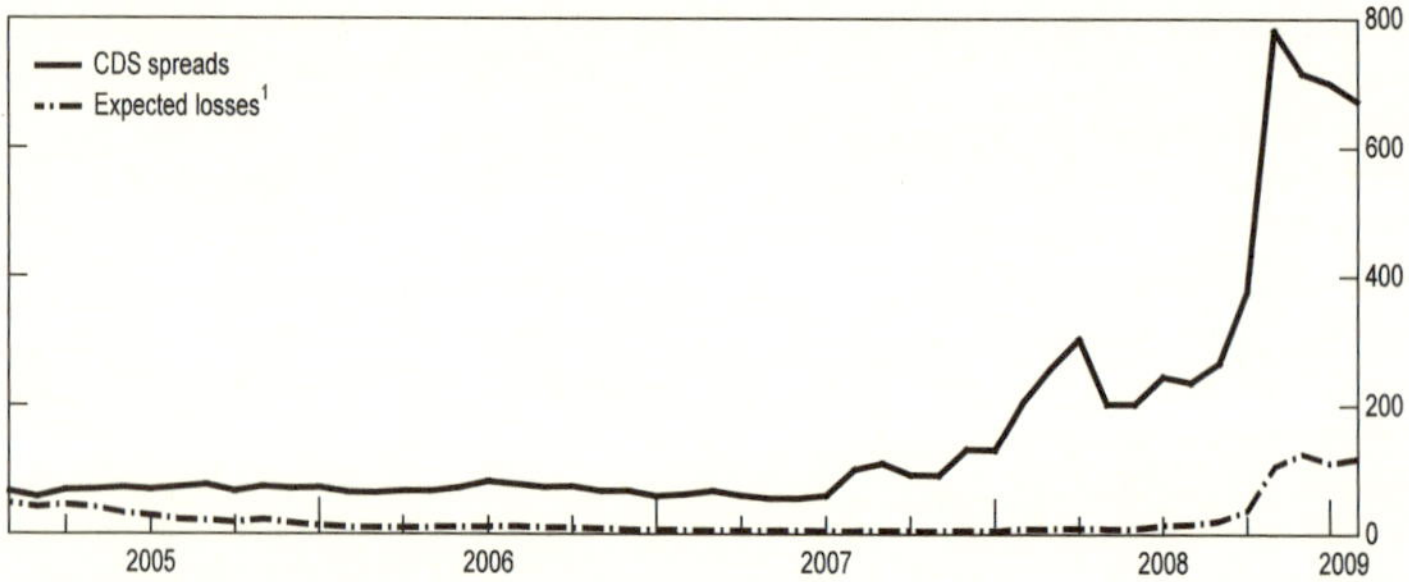

1 Average EDF multiplied by 0.5, which is the historical loss given default.
出所：Markit; Moody's Investors Services; authors' calculations.

最終営業日のデータに等しい。ＣＤＳスプレッドは店頭取引（ＯＴＣ）市場で成立したものであり、同市場では通常世界最大手の金融機関がマーケットメーカーとして機能している。

ＥＤＦデータも各月の最終日ベースである。ムーディーズＫＭＶによるＥＤＦの固有な計算方法の基になっているモデルの定式化に関してはアグラワルらの論文（Agrawal et al, 2004）及びレヴィ（Levy, 2008）において議論されている。一般的にＥＤＦはクレジット・リスクについてのマートン型構造モデルに基づき企業のバランスシート、資産価値や株価のボラティリティーを用いて算出される。マートン型構造モデル全般の解説及びその実証的なパ

表 4-2　要約総計：CDS スプレッドと EDFs

	Full sample1		Pre-crisis period2		Crisis period3	
	Mean	Standard deviation	Mean	Standard deviation	Mean	Standard deviation
Levels						
CDS spreads						
Asia ex Japan: 38 names	178	291.7	69.1	66.4	328.4	397
26 IG names	98	128.7	40.1	24.4	188.5	167.5
12 HY names	380.8	449.3	157.8	75.3	608.2	547.8
EDFs						
Asia ex Japan: 38 names	38.3	144.6	16.4	28.1	68.4	217.1
26 IG names	15	29.7	11.1	11.3	21.2	44.8
12 HY names	97.2	258.8	32.8	49.8	162.8	352.8
CDS index spreads						
DJ CDX NA IG	76.4	54.3	44.3	10.5	131.5	55.3
DJ CDX NA HY	483.2	275.9	335.7	62.2	737.3	316.2
iTraxx Europe	56.3	42.7	32	7.4	98.2	45.9
iTraxx Japan	65.3	81.8	25	4.7	134.7	103.8
iTraxx Asia ex Japan IG	85	98.2	34.4	6.9	172	120.3
iTraxx Asia ex Japan HY	372.2	344.3	199.9	42.7	668.8	429.2

1 January 2005 to January 2009.　2 January 2005 to July 2007.　3 August 2007 to January 2009.

出所：Markit; Moody's Investors Service; JPMorgan Chase; authors' calculations.

フォーマンスについては、フォンらの論文（Huang and Huang, 2002）、及びエオムらの論文（Eom et al, 2004）において論じられている。ムーディーズKMVによれば同社のEDFデータは、主要金融機関や投資会社の大多数によって利用されている。

さらに本稿では、iTraxx Asia ex Japan CDS indices、DJ CDX NA CDS indices（投資適格及びハイ・イールド）、及びiTraxx Europe CDS index の月次データを使用した。同時にそれらインデックスの母集団をなす企業のCDSスプレッドも使用している。

今次金融危機のなかで、これらサンプルの対象企業のCDSスプレッドと期待損失の時系列データの間の乖離が広がっていったように見える。図4―2は計測期間中のこれら時系列データの動向をプロットしたものだ。期待損失はデフォルト時損失率（LD）を〇・五と仮定して[7]、EDFを基に計算された。全期間においてCDSスプレッドは期待損失率を大きく上回っており、その差がリスク・プレミアムということになる。

表4―2に掲げた要約統計量によると、均してみればスプレッドの八五％がリスク・プレミアム、一五％が期待損失ということになる。CDSスプレッドは、二〇〇七年七、八月頃の極めて低いレベルから上昇を開始し、二〇〇八年第一四半期に急速に上昇、第二四半期にいったん低下した後二〇〇八年の一〇月に七五〇bpsにまで急騰し、その後計測期間中極めて高水準で推移した。対照的に期待損失は二〇〇八年の八月頃までは目立った上昇を示しておらず、

その後の上昇もＣＤＳスプレッドに比べれば遥かにマイルドなものに止まった。こうしたＣＤＳレートと期待損失率との乖離、すなわちＣＤＳレートのなかのリスク・プレミアム要因の急速な拡大をいかにして説明するかが本稿の分析課題である。

表４―２には、日本を除くアジアの三八企業にかかわるＣＤＳスプレッドとＥＤＦ、及びいくつかのＣＤＳインデックスの要約統計量を、計測期間全体、金融危機以前、以後に分類して示した。本稿を通じて危機の期間は二〇〇七年八月から二〇〇九年一月と定義した。デフォルト時損失率（ＬＧＤ）を〇・五と仮定すると、日本を除くアジアのＣＤＳスプレッドは、投資適格もので期待損失のほぼ八倍、ハイ・イールドもので同七倍にも上っている。これはスプレッドの圧倒的に多くがリスク・プレミアムによって説明できることを示すものだ。一回の差分でみてもＣＤＳスプレッドのボラティリティーはＥＤＦを六〇％も上回っている。

４　ＣＤＳスプレッド、ＥＤＦ、およびリスク回避度

本稿の実証分析の出発点は、ＣＤＳスプレッドを従属変数、ＥＤＦを独立変数として二変数間の統計的関係を特定することである。ベルントらによれば、二〇〇〇年から二〇〇四年のＣＤＳスプレッドとＥＤＦのレベルについて単純な線形回帰では不満足な結果しか

表 4-3　サンプル企業のパネル・データ対数変換による回帰分析結果

Dependent variable: log CDSit .

	Coefficient	Standard error	Prob value
Constant	3.655***	0.042	0
Log EDFit	0.336***	0.016	0
R-squared	0.647		
Adjusted R-squared	0.635		
S.E. of regression	0.693		
F-statistic	54.046		

Sample period: Jan. 2005–Jan. 2009. Standard errors shown in parentheses, *** indicates significance at 1% level.

出所：Markit; Moody's Investors Services; authors' estimations.

えられなかった（Berndt et al, 2008）。これは第一に誤差項の分散不均一(heteroskedasticity）によるものであり、第二に両指標をプロットしてみればわかるようにその関係は線形というより凹型(concave）に近いことによるものであった。この問題を解決するため同論文では、ＣＤＳスプレッドとＥＤＦ両方を対数変換して使用している。

本稿で使用するアジアの分析サンプルについて、ＣＤＳスプレッドとＥＤＦの対数値をプロットした結果、ベルントら同様対数変換が適切であることが確認された（Berndt et al)。また、これによりＣＤＳスプレッドとＥＤＦレートとの間に興味深い安定的な関係が存在することが判明した。表4―3はこれらのデータを危機以前（二〇〇五年一月から二〇〇七年七月）を○印、危機以後（二〇〇七年八月から二〇〇九年一月）を×印と分けてプロットしたものである。それぞれのサンプル群に対応する回帰線を引いてみると、二本の線がほぼ平行していることが特記されよう。すなわち危機によってもそれらの傾きは変化していなかったのである。変化したのは定数項であり、ベルントら（Berndt et al）は、通常正の値をとるこの定数項がリスク・プレミアムを表すものだと主張した。以下本稿ではデフォルトリスクの変化の影響を考察し、定数項の変化が投資家のリスク回避志向の時系列的変化を反映したものであることを示すこととしたい。

まず、ベルントら（Berndt et al）が行ったパネル・データの対数変換による回帰分析を本稿のデータセット、すなわち日本を除くアジアの三八企業の二〇〇五年一月から二〇〇九年一月について適用する。

$$\log CDS_t = b_0 + b_1 \log EDF_t + \sum_t b_{2t} D_t + e_t$$

ここで定数項b_0は、平均的なＬＧＤとリスク・プレミアムの合計を、係数b_1はデフォルトリスクのＣＤＳスプレッドに及ぼす効果を、そしてb_{2t}が時間に関する固定効果（time fixed

図 4-3　サンプル企業 CDS スプレッドおよび EDFs（対数変換）

(In natural logarithms of basis points)

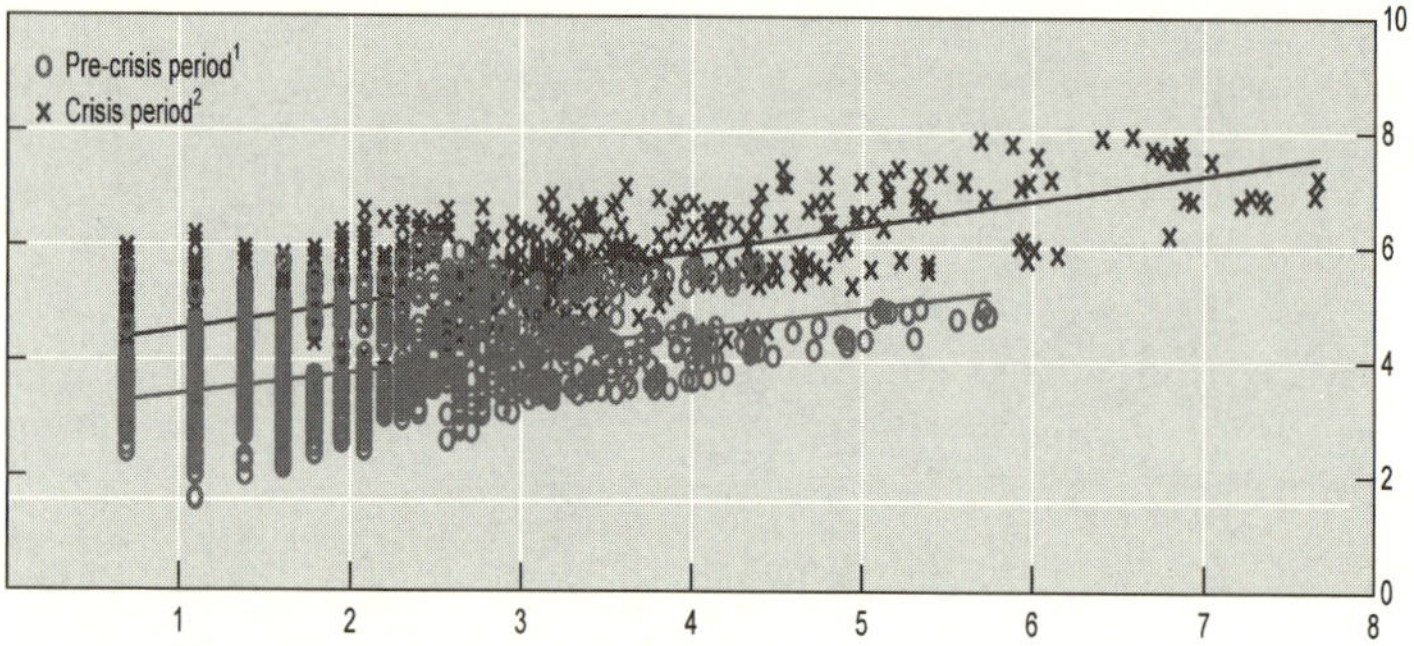

Horizontal axis: EDFs; Vertical axis CDS spreads.

1 January 2005 to July 2007. 2 August 2007 to January 2009.

出所：Markit; Moody's Investors Services.

図 4-4　スク回避度の時季別変化と主な CDS 指標

Time fixed effects plus constant term in log-log regression and logs of the DJ CDX NA IG and iTraxx Europe

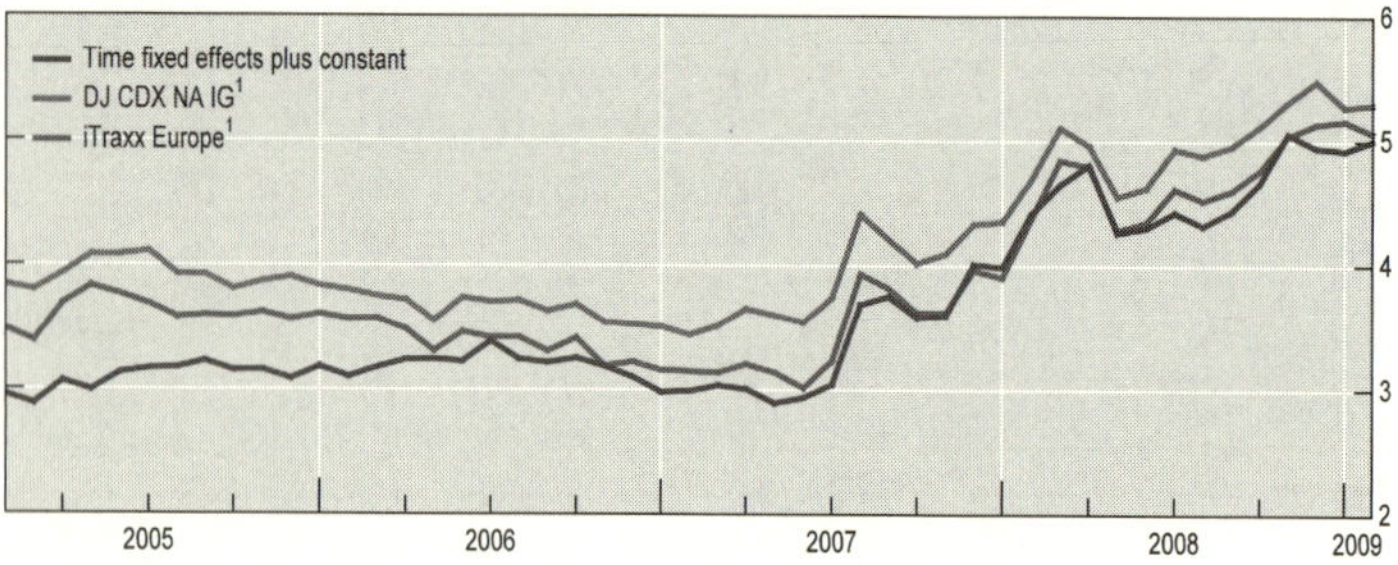

1 In natural logarithm.

出所：Markit; Moody's Investors Services; authors' estimation.

effects）を表すことになる。b_0は、対数化されたリスク・プレミアムの影響が平均的なＬＧＤのそれを上回るとみられるので正の値を取ろう。b_1はよく知られている、ＣＤＳとＥＤＦの凹型関係（concavity）を反映して、１を超えないプラスの値となることが予想される。今回の分析では、定数項が毎月変化するモデルを想定した。したがって、時間固定効果b_{2t}は時間とともに変化するリスク回避度を反映したものとなる。

　時間固定効果を想定したパネル回帰分析の結果は、予想どおりのものとなった。表４―３に示されるように、定数項の推定値の符号はプラスであり、かつその値は統計的に極めて有意である。ＥＤＦのパラメーターは、想定どおりプラスで１以下であり、誤差も僅少であった。これはベルントら（Berndt et al）の結論が本稿の対象であるアジアもののサンプルにも当てはまることを示すものと言えよう。またこの結果はサンプルに金融機関含まれているか否かにかかわらず頑健なものであることを示唆している。

　分析結果のなかで最も興味深いのは、時間固定効果である。デフォルトリスクがすでにＥＤＦによってカバーされているので、時間固定効果はリスク・プレミアムの変化に加えて、投資家のリスク回避度の変化をも反映していると解することができよう。この効果は図４―４に示されている。実際、時間固定効果は本稿で使用したアジアの三八企業のＣＤＳ指標の時系列変化を正確に捉えており、同時に、DJ CDX IGやiTraxx Europeといった他地域の主要なCDS指標の動きともかなり連動している。時間固定効果とこれら指標の対数について相関係数を計算すると、DJ CDX IGで〇・九六、iTraxx Europeで〇・九六に達している。

特記すべきことに、二つの主要指標とアジア三八企業のCDSスプレッドの平均値との相関係数も、同様に極めて高いものになっている。すなわち、DJ CDX IGで〇・九四、iTraxx Europeでは〇・九五であった。こうした相関のパターンは、グローバルなクレジット・スプレッドの連動的な動きがもっぱら投資家のリスク回避志向によりもたらされたことを示唆しているであろう。さらに言えばCDSスプレッドとEDF双方の対数についてのパネル分析によって得られた時間固定効果がかかるリスク回避度の簡潔な指標となるのである。

5 政策的インプリケーション

二〇〇七年から二〇〇九年にかけてのグローバルな信用危機のなかで、クレジット・スプレッドがすべての主体について大幅に拡大し、アメリカのサブプライム問題に縁遠いアジアの大手の借り手も例外になりえなかった。結果としてクレジット商品について、実際のデフォルト損失を大幅に上回る膨大な評価損が発生した。本稿ではこうした評価損の発生が、もっぱらグローバルなクレジット市場での大規模なバブルの崩壊によってもたらされたものであり、かつそれが危機の増幅に大きく貢献したと主張する。評価損の発生については、経済活動の低下予想の波及効果としてのデフォルトリスクの高まりによるものに過ぎないとの反論もありえようが、本稿の分析はそうした見解を支持しない。すなわちそうした波及効果を勘案した大手のアジアの借り手について分析した結果でもグローバル、リージョナル双方の投資家によるリスク回避志向の高まりがスプレッドの拡大に大きく影響したことが示されたのである。

この結果は、世界全体の金融システムにかかわるプルーデンス政策に重要なインプリケーションを提供する。第一に、景気連動性を抑制するような（countercyclical）マクロ・プルーデンス政策の重要性である。グローバルなクレジット市場における巨大なバブルの生成と崩壊は、金融システムが本来的に景気循環増幅効果（procyclicality）を持っていることを裏づけるものだ。こうした傾向を考慮すれば、金融機関の規制・監督のなかで市場が活況を呈している間に十分なバッファーを積み上げておいて、景気の下降期にそれを取り崩すような行動を求めることが必要となろう。そうしたバッファーは自己資本、貸倒れ引当金の双方について用意されよう。本稿で推計した時間固定効果は景気のブームと不況の波の簡潔な指標となると考えられる。

注

（1）これらは比較的単純なデリバティブ商品であり、突発的なリスク回避志向により複雑なクレジット商品にシフトが起こった場合、価格の急変にはつながらないことに留意の要。クレジット・デリバティブについての理論的問題についてはGiesecke（2009）参照。

（2）ＥＤＦはムーディーズＫＭＶの登録商標。

（3）マクロ経済モデルにおいて、通常リスク回避の程度は一定の定数と仮定されている。しかしながら、実際にはその程度は時間とともに変化しかつボラタイルであることが実証的に確認されている。Ait-Sahalia et al（2001）, Bliss and Panigirtzoglou（2004）and Bekaert et al（2009）等参照。

（4）Panetta et al（2009）の一一ヶ国についての推計結果によれば、これらの国でコミットされた金額は五兆ユーロ、ＧＤＰ対比一八・八％に達している。また、実際に使用された額は二兆ユーロ、ＧＤＰ比七・六％であった。

（5）増幅メカニズムに関する最新のサーベイ論文、Krishnamurthy（2009）では、増幅メカニズムを二つのグループに分類している。最初のグループはバランスシートを経由するもの（レバレッジ、貸付条件の厳格化、資本不足等）であり、流動性スパイラルやデレバッレジもこのカテゴリーに含まれる。第二のグループは、金融商品の複雑さ、曖昧さや、ナイトの不確実性といった情報の不完全性を通じるものである。

（6）より正確には、ＣＤＳスプレッドは現在価値による加重平均された $\nu^{Q}L$ のリスク中立的な期待値に他ならない。

（7）　〇・五という数字は、ムーディーズの当該データベースの対象となっているアジア企業の歴史的なＬＧＤにほぼ等しい。

参考文献

Adrian, T. and M. Brunnermeier, 2008. CoVaR. Federal Reserve Bank of New York Staff Reports No. 348, September.

Agrawal, D., Arora, N., Bohn, J., 2004. Parsimony in practice: An EDF-based model of credit spreads. Manuscript, Moody's KMV.

Aït-Sahalia, Y., Wang, Y., Yared, F., 2001. Do option markets correctly price the probabilities of movement of the underlying asset? Journal of Econometrics 102, 67--110.

Amato, J. D., Remolona, E. M., 2005. The pricing of unexpected credit losses. BIS Working Paper No. 190.

Bai, J., Kao, C., Ng, S., 2009. Panel cointegration with global stochastic trends. Journal of Econometrics 149, 82-99.

Bekaert, G., Hoerova, M., Scheicher, M., 2009. What do asset prices have to say about risk appetite and uncertainty? ECB Working Paper No. 1037.

Berndt, A., Douglas, R., Duffie, D., Ferguson, M., Schranz, D., 2008. Measuring default risk premia from default swap rates and EDFs. Manuscript, Tepper School of Business, Carnegie Mellon

University.

Bliss, R., Panigirtzoglou, N., 2004. Option-implied risk aversion estimates. Journal of Finance 59, 407--446.

Borio, C. and M. Drehmann, 2009. Assessing the risk of banking crises. BIS Quarterly Review, March, 29-46.

Brunnermeier, M. K., 2009. Deciphering the liquidity and credit crunch 2007--08. Journal of Economic Perspectives 23, 77--100.

Chen, H., 2008. Macroeconomic conditions and the puzzles of credit spreads and capital structure. Manuscipt, MIT Sloan School of Management.

Chen, L., Collin-Dufresne, P., Goldstein, R.S., 2009. On the relation between the credit spread puzzle and the equity premium. Review of Financial Studies, forthcoming.

Driessen, J., 2005. Is default event risk priced in corporate bonds? Review of Financial Studies 18, 165--195.

Eichengreen, B., Mody, A., Nedeljkovic, M., Sarno, L., 2009. How the subprime crisis went global: evidence from bank credit default swap spreads. NBER Working Paper No. 14904.

Eom, Y. H., Helwege, J., Huang, J.-Z., 2004. Structural models of corporate bond pricing: An empirical analysis. Review of Financial Studies 17, 499--544.

Giesecke, K., 2009. An overview of credit derivatives. Manuscript, Stanford University.

Goldman Sachs, 2007. The sub-prime issue: A global assessment of losses, contagion and strategic implications. November 20.

Gorton, G., 2009. Slapped in the face by the invisible hand: Banking and the panic of 2007. Manuscript, Yale University.

Greenlaw, D., Hatzius, J., Kashyap, A.K., Shin, H.S., 2008. Leveraged losses: lessons from the mortgage market meltdown, U.S. Monetary Policy Forum Report No. 2.

Huang, J.-Z., Huang, M., 2002. How much of the corporate-Treasury spread is due to credit risk? NYU Working Paper No. FIN-02-040.

IMF, 2009. Global Financial Stability Report April 2009: Responding to the financial crisis and measuring systemic risks. Washington DC: International Monetary Fund.

Kim, D. H., M. Loretan, E. M. Remolona, 2009. Contagion and risk premia in the amplification of crisis: Evidence from Asian names in the global CDS market," Journal of Asian Economics, forthcoming.

Krishnamurthy, A., 2009. Amplification mechanisms in liquidity crises. NBER Working Paper No. 15040, June.

Levy, A. 2008. An overview of modeling credit portfolios. Manuscript, Moody's KMV.

Longstaff, F., Pan, J., Pedersen, L.H., Singleton, K.J., 2008. How sovereign is sovereign credit risk? Manuscript, UCLA Anderson School of Business.

Panetta, F., T Faeh, G Grande, C. Ho, M. King, A. Levy, F.M. Signoretti, M. Taborga and A. Zaghini, 2009. An assessment of financial sector rescue programmes. BIS Papers No. 48, July.

Remolona, E.M., Shim, I., 2008. Credit derivatives and structured credit: The nascent markets of Asia and the Pacific. BIS Quarterly Review, June, 57-65.
Tang, D.Y. and H. Yan, 2009. Market conditions, default risk and credit spreads. Journal of Banking and Finance, forthcoming.

（後記）

本稿は、Don Kim, "Mico Loretan and Eli Remolona, Contagion and risk premia in the amplifica-tion of crisis: Evidence from Asian names in the global CDS market" に多くを負っている。文中、意見にわたる部分は、筆者の個人的見解であり、国際決済銀行の見解を示すものとは限らない。

第5章　二〇〇七年―二〇〇九年危機における中央銀行間の金融仲介とインターバンク市場

フランチェスコ・パパディア

1 はじめに

この論文は、二〇〇七―二〇〇九年の金融危機のさなかにユーロ圏で生じた二つの異例な事態、すなわちユーロシステムのバランス・シートが突然拡大したこと、及びユーロインターバンク市場が未曾有に縮小したことについて検討する。本論ではこれら二つの事態の関係を分析したうえで、それらが危機における欧州中央銀行の行動の総括的解釈にどのように位置づけられるかを考える。本論はもっぱらユーロ圏の経験を扱っているが、提示された解釈のアプローチは若干変形することで、連邦準備制度及びイングランド銀行のケースにも応用できるであろう。

2 ユーロシステムのバランス・シート・サイズ――二〇〇八年一〇月の急拡大

図5―1は、一九九九年のユーロ導入から二〇〇九年八月までのユーロシステムのバランス・シートを示したものである。この図からは、バランス・シートの規模が二〇〇二年初頭における各国の旧銀行券からユーロ銀行券への転換の影響で中断されながらも、持続的に拡大してき

図 5-1　欧州中央銀行バランスシートの主要項目（1999 年 1 月 － 2009 年 8 月）

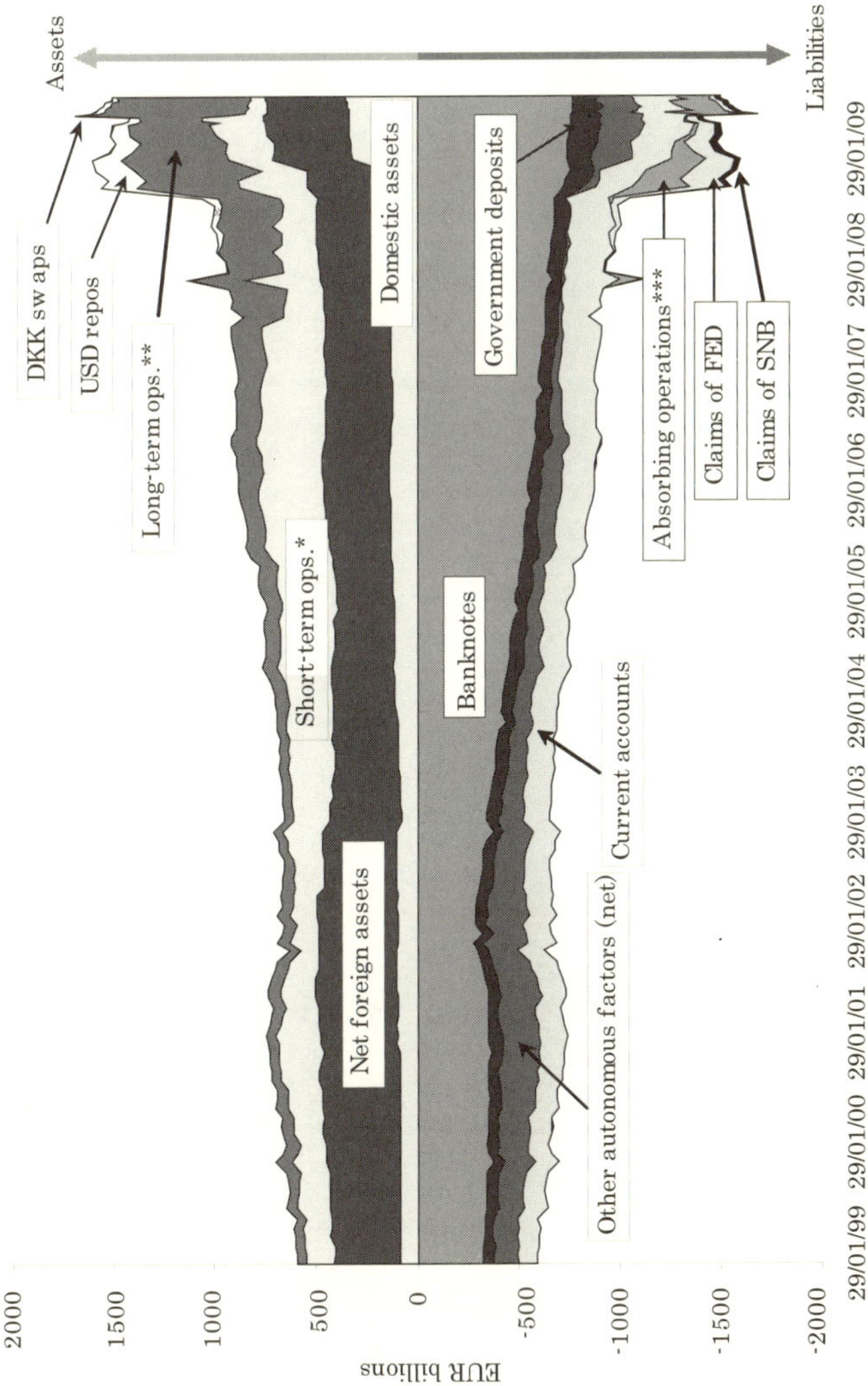

ていることが見て取れる。

ユーロシステムの簡易バランス・シートは、一九九九年一月から二〇〇九年八月にかけて五、九〇〇億ユーロから九、九九〇億ユーロまで、年平均五・四%で持続的に拡大した。この趨勢的な拡大をもたらしたのは銀行券流通の増加であり、支払準備の増大にともなう当座預金の増加がバランス・シートの規模をさらに拡大させた。ところが二〇〇八年一〇月から先例のない出来事が起こった。ユーロシステムのバランス・シートが九月末から三ヶ月間で六六・六%も跳ね上がり、二〇〇九年一月には一兆七、六三〇億というピークに達したのである。その後バランス・シートは下落に転じ、同年六月に実施された初の一年物リファイナンシング・オペレーションによって巨額の流動性が供給されたにもかかわらず、二〇〇九年八月末に一兆四、八八〇億の水準に到るまで、二〇〇九年を通して一時的な下落が続いた。しかしながら二〇〇八年末のユーロシステムのバランス・シートには、この時の突然の大規模な増加のほかにも未曾有の現象がみられた。先の図には、当該期のバランス・シート構成に現れた他の二つの重要な変化が示されている。その一つは、ユーロシステムのリファイナンシング・オペレーションにおいて短期と長期の役割が逆転したことである。危機以前には、週次で行われるいわゆる主要リファイナンシング・オペレーションが全体の三分の二を占めており、残りがより長期のオペレーションであった。危機のさなかにその割合は逆転し、今や期間一年にまで延長さ

図5-2　アメリカ連邦準備制度バランス・シートの主要項目（1999年1月－2009年8月）

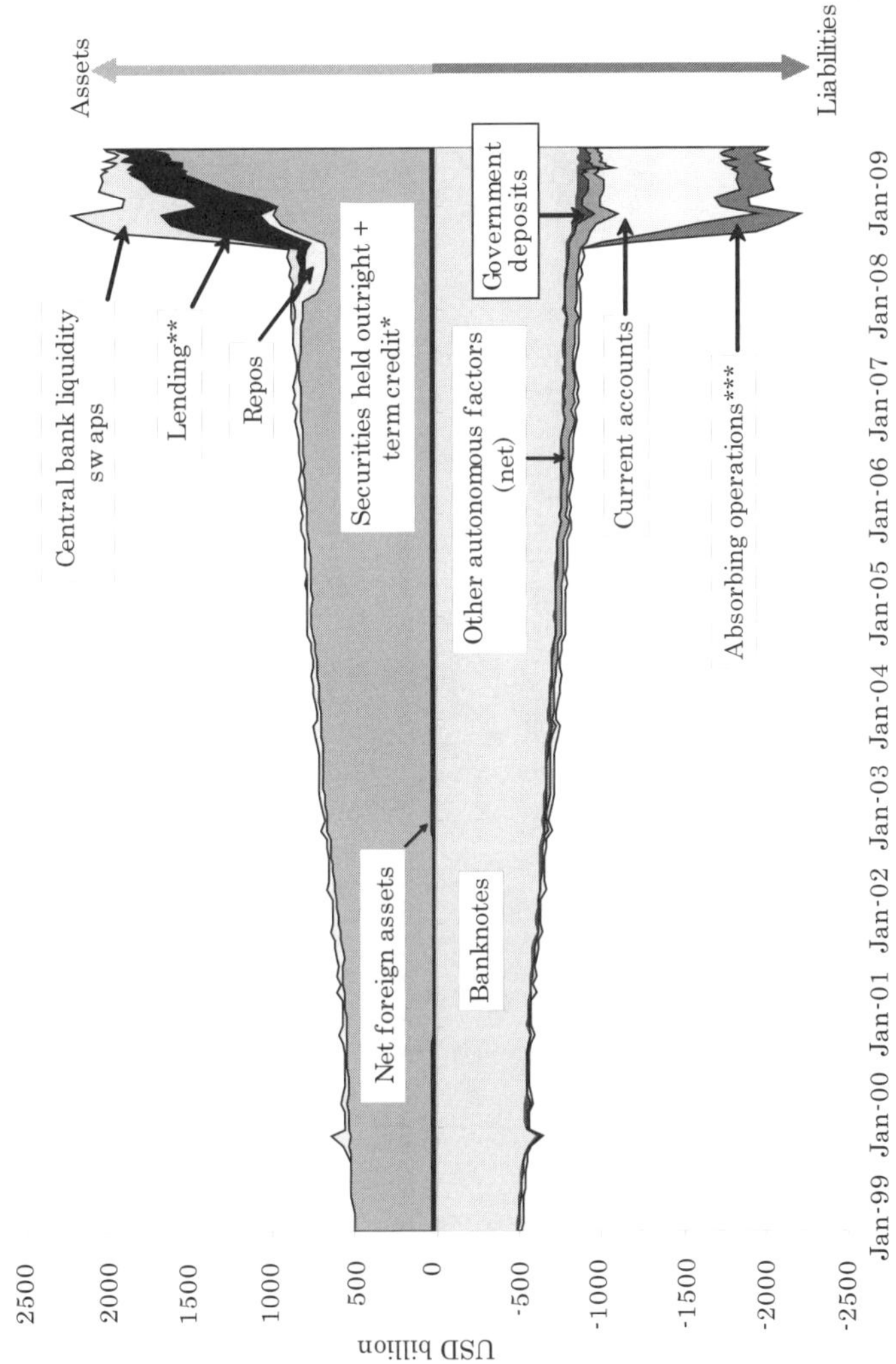

図 5-3　日本銀行バランス・シートの主要項目（1999 年 1 月 ― 2009 年 8 月）

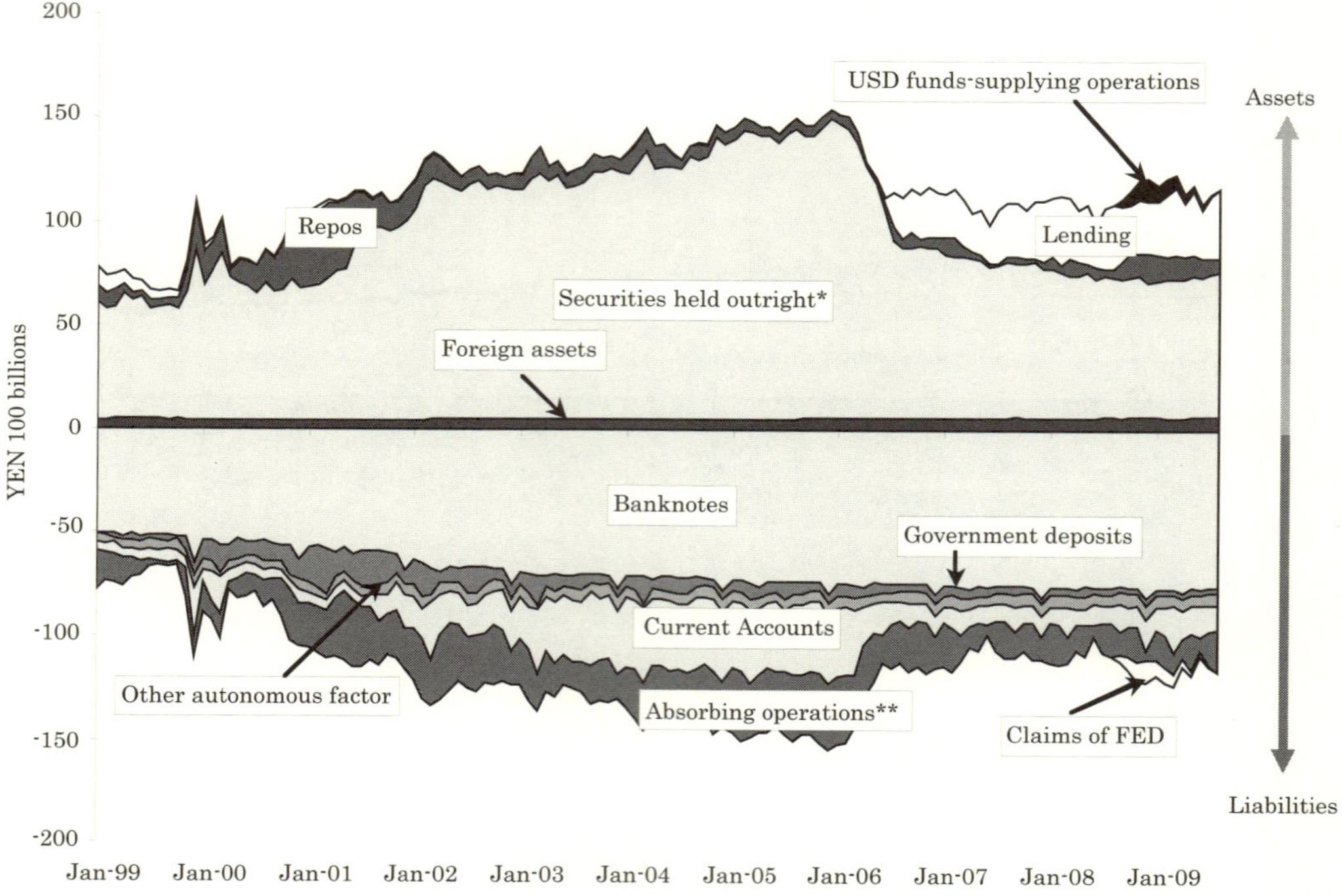

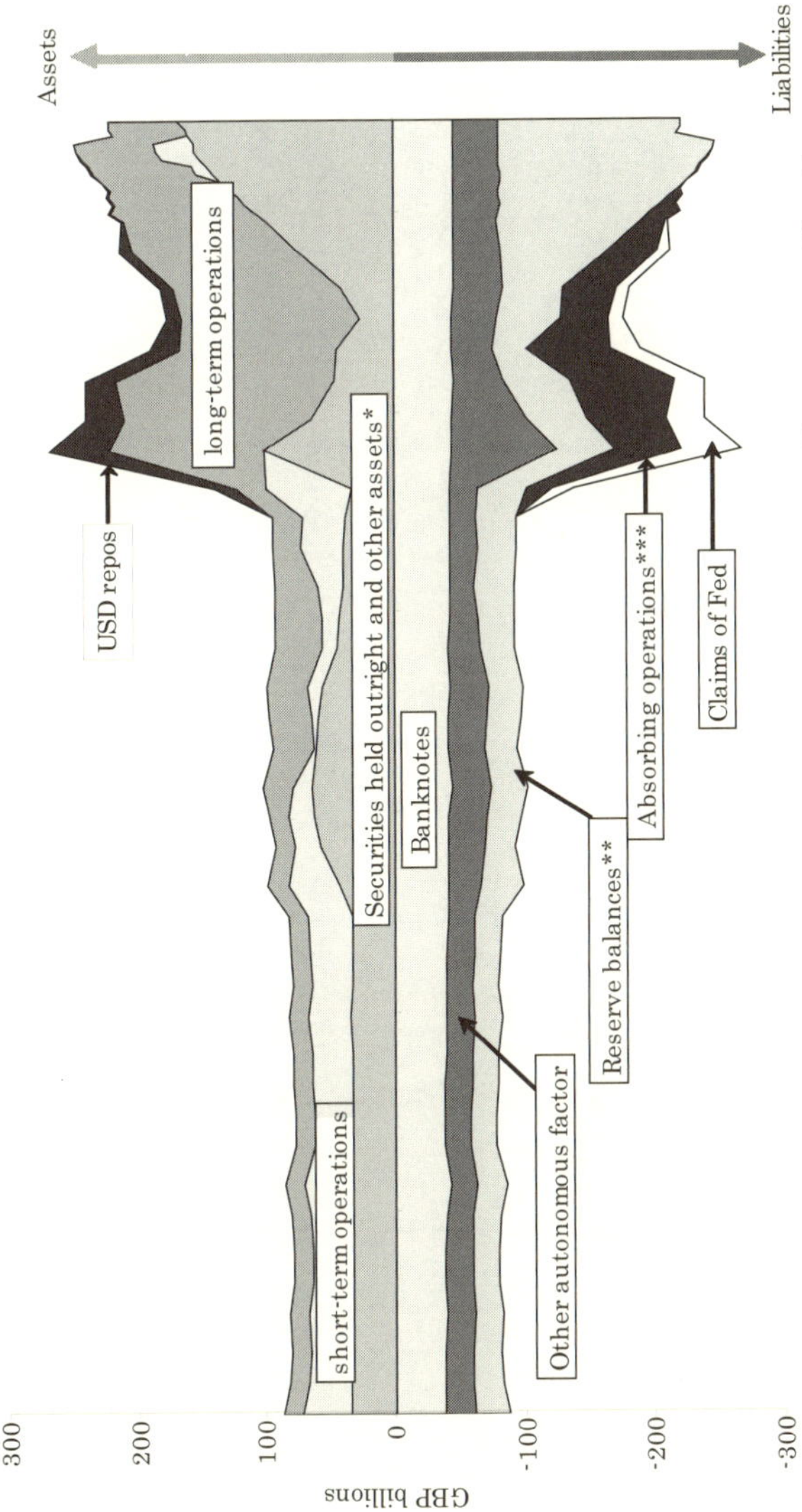

図5-4　イングランド銀行バランス・シートの主要項目（1999年1月－2009年8月）

れた長期のオペレーションが全体の約三分の二をカバーするようになり、もはや「主要」とは呼べなくなった週次の主要リファイナンシング・オペレーションに残余が残される状態になったのである。この図から読み取れるもう一つのほぼ先例のない現象とは、ユーロシステムからの資金供給にユーロと異なる通貨、すなわちドルとスイス・フランが登場したことである。

前掲の図5―2、図5―3及び図5―4に示されているように、上述の事態と類似した、そしてより一層極端な変化が連邦準備制度とイングランド銀行のバランス・シートに発現した。なおこの現象は日本銀行のバランス・シートにはみられなかった。

3 ユーロ圏のインターバンク市場取引の未曾有の減少

ユーロ圏のインターバンク市場における取引高は図5―5にみられるように、二〇〇〇年から二〇〇七年にかけて年平均一二・四%でほぼ持続的に増加してきている（European Central Bank, 2009）。より正確にいえば、欧州中央銀行は毎年第2四半期の取引データを対象に金融市場調査を行っているので、この増加は二〇〇〇年第2四半期から二〇〇七年第2四半期にかけて記録されたということになる。

インターバンク市場の取引高は、まず二〇〇八年第2四半期に、次いでよりはっきりと、

図 5-5　ユーロインターバンク市場における取引高総額、固定指数
（2000—2009 年、2002 年 =100）

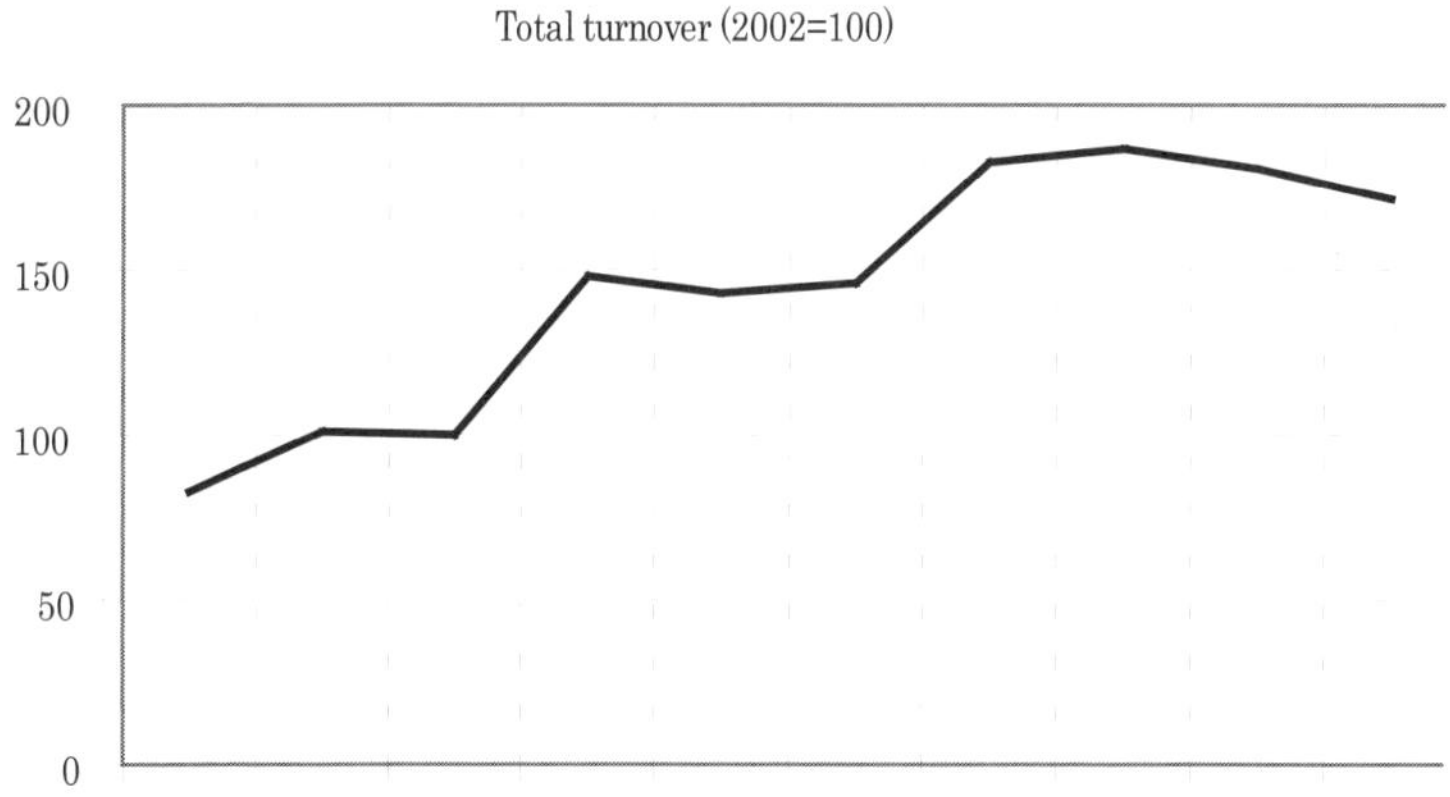

図 5-6　ユーロ圏インターバンク市場無担保部分の取引高、固定指数
（2000—2009 年、2002 年 =100）

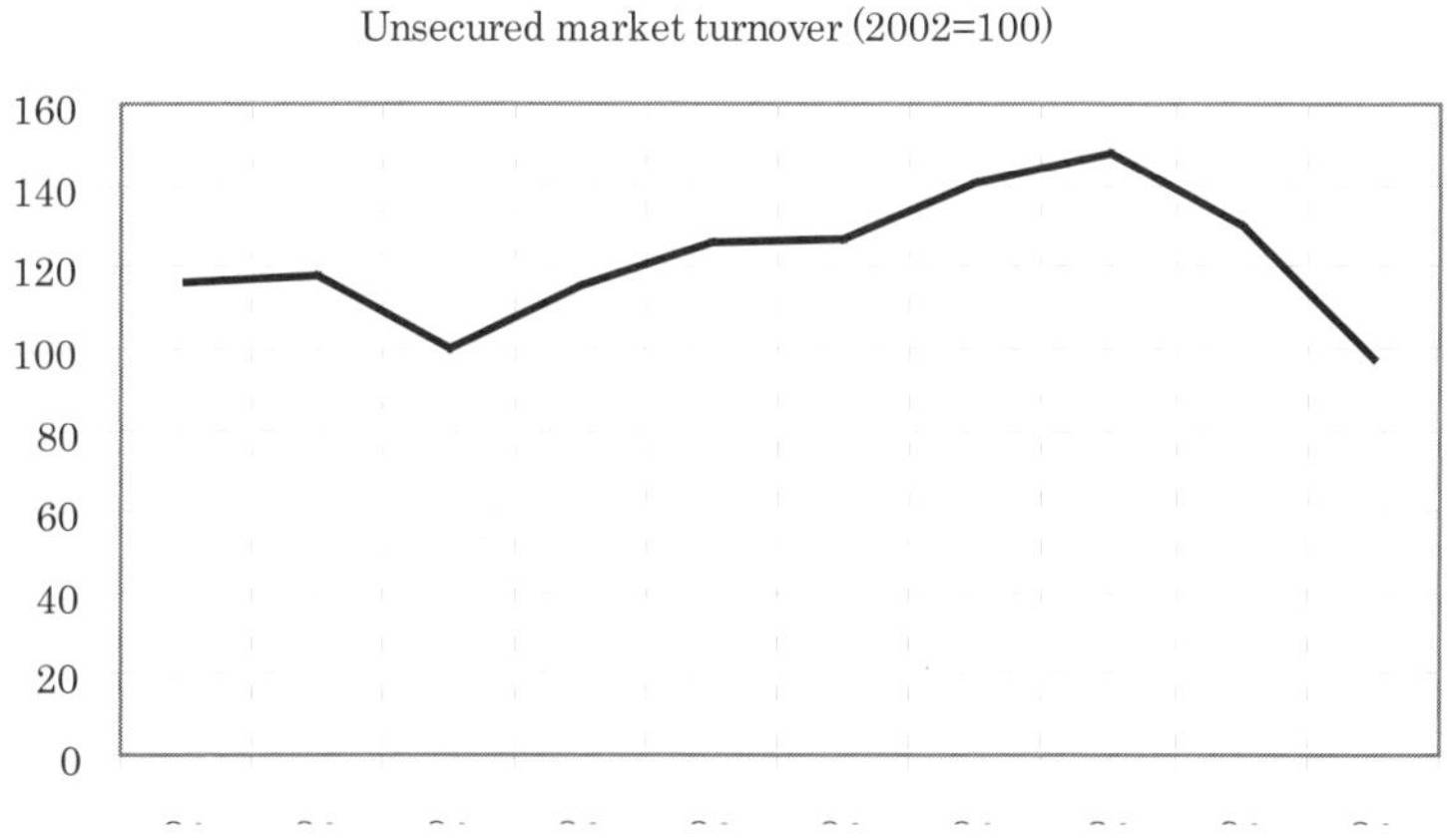

図 5-7　無担保インターバンク e-MID プラットフォーム取引高
（2002―2009 年）

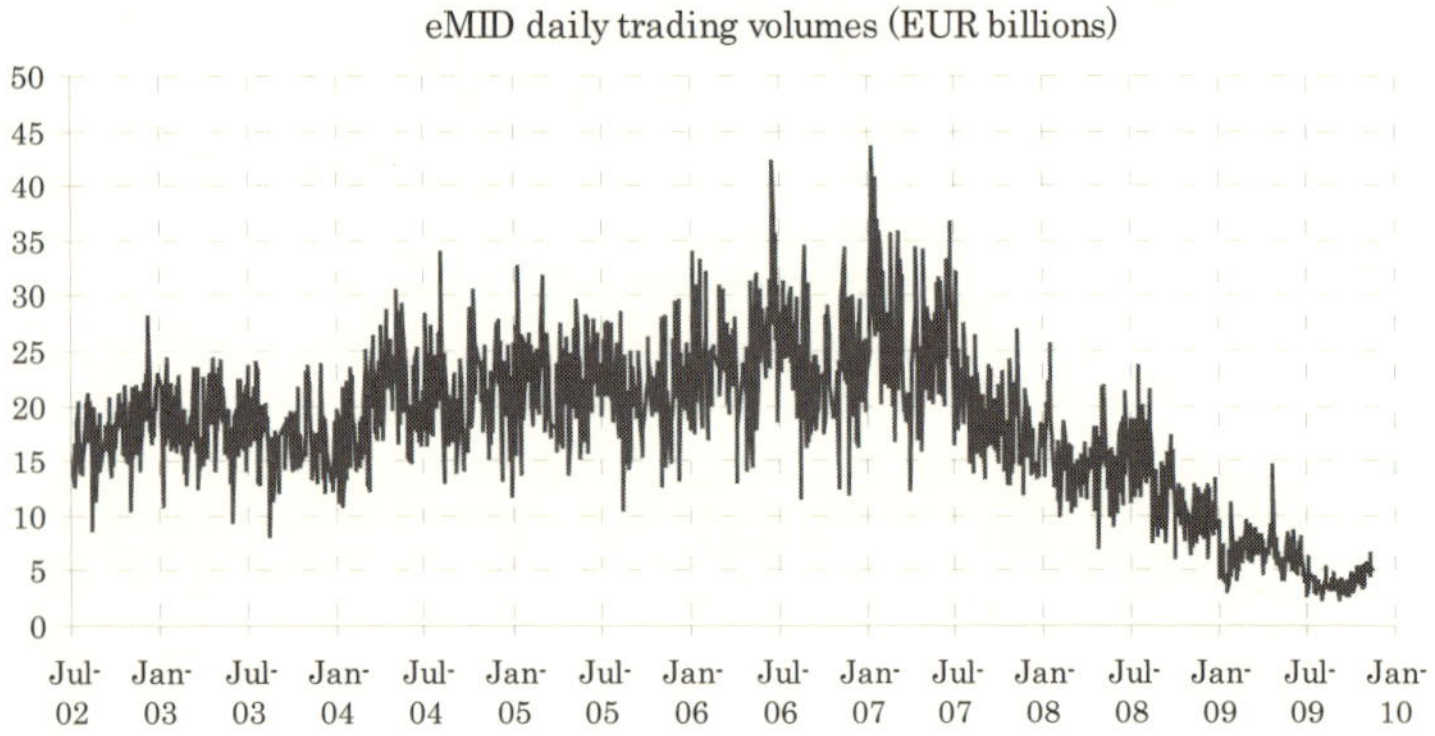

二〇〇九年第2四半期に減少した。これらの減少は、二〇〇四年のわずかな減少という例外を除くと、インターバンク市場が初めて経験したものであった。より仔細にみると、この減少はとりわけインターバンク市場の無担保部分においで際立っている。この部分は二〇〇七年第2四半期と二〇〇八年同期の間に一一・九％減少し、二〇〇九年第2四半期にかけてさらに二五・四％減少した。このことは、危機の幕開けに先立つ四半期（二〇〇七年第2四半期）と危機がピークを迎えつつあった四半期（二〇〇九年第2四半期）との間で、危機までの七年間における年平均増加率が三・五％だったのに対し、インターバンク市場の無担保部分の取引高が累計で三四・三％減少したことを意味する。

インターバンク市場の無担保部分における取引高の未曾有の減少を裏付ける証拠は、銀行間無担保ローンが取引される電子プラットフォームであるe-MIDマネーマーケットを確認することで得ることができる。この電子市場はインターバンク市場の総取引高のわずかな部分をカバーしているにすぎず、危機の渦中で諸銀行はこの電子市場よりも不透明な流動性取引の方法を好んだことから、ここでのデータは、より頻度は高いものの市場を代表するものとはいえない。ただこれらの留保を考慮してさえも、このプラットフォームにおける取引高がそれまでの五年間における増勢の後、危機以前の取引高に対してごくわずかな割合へと減少したことは(二〇〇八年を転換期として、約二二五〇億ユーロから五〇億ユーロへ)、リーマン・ブラザーズ破綻後におけるインターバンク市場の急速な悪化という帰結と整合する。

4　中央銀行バランス・シートの規模拡大と銀行間取引高の減少
――その総括的解釈

前二節では、危機の渦中で起こった二つの未曾有の現象を示した。ユーロシステム及び他の主要中央銀行のバランス・シートの突然かつ大規模な拡大、及びユーロ圏のインターバンク市場のとりわけ無担保物部門における取引高の減少である。本節の課題は、これら二つの現象を相互に関連付けること、そしてこれらを一つの総括的解釈から説明することである。

この解釈を試みるにあたっては、金融政策の二つの側面に注目することが有益である。一つは常に目に見える側面、すなわち金利操作であり、もう一つは通常は目にみえない側面、すなわち金融仲介である。中央銀行は、例えばリファイナンシング・オペレーションの担保として銀行から何らかの資産を得て代わりに中央銀行流動性を提供するというように、金融政策を遂行する一方で必然的にある種の仲介行為を実施している。しかしながら通常この仲介は制限されており、金利のコントロールに必要な流動性の実質的な供給額が副作用をもつにすぎず、特定のマクロ経済的目標をターゲットとしてすすんで実行される活動ではない。ところが二〇〇七—二〇〇九年危機のさなか、危機の影響で中央銀行仲介が流動性に対処するための中央銀行行動の不可欠かつ数量的に非常に重要な部分になってくると、これが急激に変化した。金融仲介に焦点を当てることで、危機のさなかにおける中央銀行業務に関する総括的解釈のなかで、上述の二つの経験的現象を関連付けることが可能になる。すなわち損失を負った民間部門が実行しえなくなった仲介額が、少なくとも部分的には中央銀行へとシフトしたのである。この損失は、銀行のバランス・シート上に生じたリスクと資本金との比率が劇的に悪化したことに由来する。前者のリスクが著しく増加し、後者の資本金のほうは銀行が被った損失によって激しく毀損されたのだった。これはDudley（2008）が「銀行バランス・シート圧力（banks balance sheet pressure）」と呼んでいる現象である。この「圧力」によって銀行は不良債権を処理することを強いられたのであり、もしそれが圧縮されていなければ経済にはさらに大きな打撃がもたらされたであろう。こうした困難な状況のなか、各国の中央銀行は損失を負った民間部門による仲介機能を補完したのだが、これに対してユーロシステムのほうが多少なりとも容易に仲介機能を補完できたことが明らかになった。それは、ユーロシステムには非常に多数の取引相手方がいて、金融政策の運営が大規模で、担保の幅も広いからであり、これに対して中央銀行、例えば連邦準備制度は、危機前においては取引相手方が少なく、担保の対象も限定的でわずかなリファイナンシング・オペレーションしか行いえなかったからであると思われる。

上記の総括的解釈が妥当かどうか確認するためには、中央銀行バランス・シートの規模拡大と民間銀行の資金仲介の減少とが同等の規模かどうかを調べればよい。実証的には、この解釈が正確であれば中央銀行バランス・シートの資産及び負債サイドに対する銀行間仲介残高の部分的な移転が確認されるであろう。そうした移転が起こったかどうかを正確にチェックすることは、データ上の制約がきついために困難であるが、危機の最も厳しい局面である二〇〇八年と二〇〇九年の間についてなら単純かつ大まかな比較が可能である。

最初に、二〇〇九年第２四半期と二〇〇八年第２四半期の間におけるユーロシステムによる

表 5-1　銀行間仲介の減分に対する中央銀行仲介の増分の比率

（2009 年第 2 四半期―2008 年第 2 四半期）

無担保インターバンク市場	-1.06
有担保インターバンク市場	-0.61
無担保・有担保インターバンク市場	-1.67

リファイナンシング・オペレーションの増分を計算する。第二のステップでは、欧州中央銀行のユーロ金融市場調査サーベイによって、期間ごとに加重計算した取引高の変化が計算される。この加重計算をほどこした取引高は（この方式によれば、例えば翌日物の取引高と合算するために一週間物の取引高には七が掛けられることになる）、銀行間貸出残高の近似値となる。そして第三のステップでは、第一のステップで算出された中央銀行による仲介残高の増加と第二のステップで算出された銀行間仲介水準の減少が、その二つが比較可能かどうかをチェックする。この比較は次の表（5―1）において行われている

表5―1における数値は、銀行間取引及び中央銀行バランス・シートの両方にデータ制約があるため、かなり割り引いてみなければならない。前者のデータセットにおける制約は、ユーロ金融市場調査サーベイがユーロ圏の金融機関のサンプルをカバーしているにすぎないため、数値が市場全体の総計ではないということ、データの頻度に制約があるということ（年次）、そしてこのサーベイは同じグ

ループに属する銀行間の取引を算入しているということに由来する。中央銀行のバランス・シートに関する制約とは、とりわけユーロシステムの場合、金融政策の手法について幅広いアプローチを有するため（数多くの取引相手方、巨額の流動性負債、幅広い担保）、中央銀行仲介の増加がそのバランス・シートを拡大させることなく発生しうる、という事実と関係がある。しかしながら二つのデータセットに制約があっても、銀行間仲介と中央銀行仲介との間で部分的な代替が存在したという結論に疑いを差し挟む余地はない。前者の銀行間仲介が減少するにつれて、後者の中央銀行仲介がそれに匹敵する額だけ増加している。より詳しく見ると、無担保部門における仲介の一・〇六ユーロの減少と有担保部門における〇・六一ユーロの減少を合わせて、インターバンク市場では一・六七ユーロが減少したのに対し、中央銀行仲介は一ユーロ増加した。上述の比較は、有担保部門においてよりも無担保部門において中央銀行仲介による代替が強かったことを示しており、このことは危機時の信用・流動性危機の爆発に対して有担保市場のほうが頑健だったという事実と整合的である（Papadia and Välimäki, 2009）。

スワップ網に支えられた中央銀行による未曾有の外貨貸付もまた──そこでは連邦準備制度とのスワップが最も巨額に上ったのだが──銀行間仲介と中央銀行仲介との間における代替という総括的解釈にうまく収まる。中央銀行による流動性の純供給に関する限り、その流動性がどのようにして供給されたかということはさほど重要ではなかった。各国の中央銀行が、少なくとも部分的に自らの仲介によって銀行間仲介を代替しなければならなくなった時、中央銀行は民間仲介が行われる多くの方法を通してこれを行わなければならなかった。様々な期間にわたり、様々な通貨で、そしていくつかのケースでは様々な市場においてである。こうして中央銀行のバランス・シートの内容は多様化し、加えてそのサイズは大規模化した。

中央銀行のバランス・シート上で起こったことは、民間部門から公的部門への金融仲介のシフトという一般的な現象が最も明瞭にあらわれた姿だったが、赤字の拡大や民間部門に対する「ローン」といった方法によるＩＭＦその他多国籍機関や政府による仲介の増加でさえも、同様の傾向の別の側面をあらわすものである。

いうまでもなく、二〇〇七―二〇〇九年危機の最も激しい局面において中央銀行仲介と銀行間仲介の間で代替関係が存在したということは、そこに因果関係があったということを示すものではない。損なわれた民間部門の仲介に中央銀行が関与してそれを代替しなくてはならなかったという主張は、中央銀行による仲介の増加が民間部門の仲介を締め出したという背中合わせの主張と五十歩百歩の議論である。しかしながら民間仲介と中央銀行仲介のそれぞれに支払われた代価をみれば、因果関係の問題は一義的に解決される。二〇〇八年九月のリーマン・ブラザーズ破綻後、民間部門仲介の代価は、例えばEuriborまたはLiborの率によって測ると、絶対値においても有担保利率との比較値においても爆発的に上昇した（Papadia and Välimäki,

2009)。同様の現象は中央銀行仲介のコストについても、とりわけより期間の長いリファイナンシングの入札に関する限界金利及び加重平均金利で測った場合に検証された。ユーロシステムの場合、固定金利で望まれたすべての中央銀行流動性を取引相手方にオファーするという方法による中央銀行仲介が増加すると、数週間にわたって中央銀行及び民間部門仲介の対価が上昇したが、それはまさに民間部門仲介の毀損が実体経済に与える影響を緩和することをターゲットとするものだったのである。

当然のことながら、銀行間仲介悪化の結果として中央銀行仲介が行われたと主張すること、及び中央銀行仲介が銀行間仲介の悪化を引き起こすのではなくて、銀行間仲介の悪化によって中央銀行仲介が行われたと主張することは、中央銀行仲介が銀行間仲介を締め出すという潜在的な問題が存在しないことを意味するわけではない。確かにもし中央銀行仲介が安価になりすぎたり、あまりに長期間続いたりすると、民間部門仲介は締め出されることになるであろう。これは量的緩和政策が日本で行われた二〇〇一年から二〇〇六年にかけて実際に起こった出来事であり、この時、インターバンク市場は本当に衰微し事実上日本銀行のバランス・シートによって代替されるようになってしまった。したがって中央銀行は、損なわれた民間部門仲介を補うためにバランス・シートを「貸し出す」ことで実体経済を支えることと、民間部門仲介が効果的に機能しようとするインセンティブを減少させて、それを締め出してしまうことの間に存在するトレードオフのうえで、最適点を模索しなければならないのである。

5 結論

全体的な結論として、この論文は、中央銀行仲介が部分的に民間部門仲介を代替し、そうすることで金融危機の実体経済に対するダメージを抑えたという見解を提示している。この論文はまた、著しいデータ制約にもかかわらず、銀行間仲介の減少より小さくとも、中央銀行仲介の増加が銀行間仲介の減少に匹敵する規模であることを発見した。しかしながらこの論文はまた、中央銀行が仲介機能を「果たしすぎること」で、銀行間仲介がその機能を効果的に果たそうとするインセンティブを減じ、民間部門を締め出してしまうリスクが常に存在するということ、引いては、やり過ぎることとやらなさ過ぎることとの間でとるべき中央銀行の行動を正確に見極める必要があることを論じている。このリスクが深刻なのは、中央銀行仲介を段階的に引き揚げる最も適切なタイミングを見極めるよりも、中央銀行仲介の増加が必要とされる危機を察知することのほうが容易である、という事実による。

参考文献

“Euro Money Market Survey 2009”, European Central Bank, Directorate General Statistics, September

Dudley William C, 2008 “Remarks at the Federal Reserve Bank of Chicago's 44th Annual Conference on Bank Structure and Competition” Speech, May

Papadia Francesco and Välimäki Tuomas, 2009 “Liquidity risk and central bank actions during the 2007-2009crisis.” Forthcoming in the proceedings of the Federal Reserve Bank of Chicago annual conference.

（付記）

本稿で示された見解は筆者のものであり、欧州中央銀行の見解とは必ずしも一致しない。この論文で提示されたデータは、トーマス・バリマキ（Tuomas Välimäki）氏との共著論文から引用したものであり、二〇一〇年六月までにオックスフォード大学出版会から刊行される本に収録される予定である。筆者は、ユリヤ・ヤコビカ（Julija Jakovicka）氏、ザビエル・ウエルガ・アランブル（Javier Huerga Aramburu）氏、デーナ・シェーファー（Dana Schäfer）氏、シモヌ・マンガネッリ（Simone Manganelli）氏、ディミートリオス・ラチキス（Dimitrios Rakitsis）氏およびクリストフ・マーシャル（Christophe Marchal）氏による貢献に、多大なる謝意を示すものである。

編者あとがき

一九九九年に単一通貨「ユーロ」が導入された当初、暗い将来見通しが多く、特にアメリカではユーロの先行きに対する懸念が強く表明された。多くの経済学者たちが、欧州中央銀行(ECB)も欧州連合の単一通貨「ユーロ」も大して発展することなく、そのうちに消滅するであろうと予想していた。しかしその後の一〇年間のユーロの評価は多くの予想をはるかに超えるほど高いものとなった。ユーロが成功したことを疑う者は誰一人いない、とさえ言えるかもしれない。その推移を根拠にして、ユーロ圏諸国はこぞって充実感を味わい、自己満足に陥ることさえ許容するかに思われるほどの好循環の状況が二〇〇九年ごろには世界的に漂っていたと言えよう。しかし二〇〇八年九月のリーマン・ブラザーズ証券の経営破綻により、金融危機の世界全体への伝播が懸念されており、「ユーロの真の試練」が近い将来に待ち受けていた。そのため、ユーロが一九三〇年代の世界的大不況(The Great Depression)を乗り越えることが本当にできるのかが厳しく問われていた時期でもあった。

このようなユーロを取り巻く複雑な国際環境の下で、ユーロの過去一〇年の経験を回顧し、その将来を展望する、いわゆる「中間評価」を明確にしておくことの経済的・政治的・社会的意義は極めて大きいものと考えられた。このような認識と理解の下、ユーロに関する国際シンポジュームをユーロ研究者のみならず、中央銀行の関係者、国際金融機関のエコノミストを交えて徹底的に検討を加えるべく、多くの関係者や関係機関に働きかけ、この国際シンポジュームを企画・準備するに至った。この国際シンポジュームを開催するに当たっては、欧州委員会日本代表部、関西学院大学、自然総研などの諸機関をはじめ、田中素香氏（中央大学教授）、矢後和彦氏（現早稲田大学教授）、パパディア氏、ボシュア氏、レモロナ氏、廣田功氏、吉國眞一氏、小川英治氏からは資金面などを含めてご協力を賜った。また、世界金融危機の当時、ともに金融市場局長というECBと日本銀行における激職に就きながら、BISでの協力関係や協議を通して、文字通り「寝食を忘れて」金融危機対応にあたるという難問にともに全力を尽くすことで、その職務に没頭するという経験を共有されたお二人のセントラルバンカーであるパパディア氏（欧州中央銀行）と中曽宏氏（現日本銀行副総裁）に対して、ここに感謝の意を表明するものである。さらに、シンポジューム当日の実際の運営に当たり、市川文彦氏（関西学院大学経済学部教授）のご協力を頂いたことも覚え、感謝いたしたい。これら多大の感謝を長く記憶にとどめるために、当日の国際シンポジュームのプログラムを一覧表にまとめて「第1章」の冒頭に掲げたので参照されたい。

しかし上述の「ユーロの春」もつかの間の幸福感であることが、その直後に判明した。筆者が二〇〇九年九月末にロンドンのCass Business School, City University, Londonの客員研究員として着任した翌一〇月にギリシャ政府の債務残高が前政権の粉飾により過少に公表されていることが発覚した。その結果、ギリシャ国債に対する信認が急速に低下し、その利回りが急騰した。いわゆる「ギリシャ危機」の発生である。その後、ギリシャ危機は、"PIIGS"と呼ばれたアイルランドを始め、ポルトガル、スペイン、イタリアなど南欧諸国の債務危機、すなわち「ソブリン・リスク」が懸念されるユーロ圏全体の危機にまで急速に発展した。

現在、ユーロ圏にはECBによる単一の金融政策運営と各国の財政主権の温存との不整合をはじめ、各国別々の金融規制・監督システムの不統一、各国の貿易構造の大きな相違、さらには労働生産性上昇率格差の拡大に基づき各国の国際競争力の格差などが依然として存在している。いわゆる「リージョナル・インバランス」の構造問題である。ユーロ危機を契機に欧州連合(EU)が積極的に取り組んでいる構造改革、たとえば「銀行同盟」や「財政同盟」、預金保険制度や金融規制・監督システムの統一を図る「銀行同盟」および各国の経済政策を調整・調和させる「経済同盟」などへの対策が喫緊の課題として認識されつつある。これら四つの「同盟」は単一通貨ユーロに示される「通貨同盟」とともに、「欧州の統合」や「欧州統合の深化」を達成するための「五つのビルディング・ブロック」であると言えよう。

「リーマン・ショック」勃発から五年、国際シンポジューム開催から四年を経過した現時点で、国際シンポジュームの参加者（報告者、討論者、座長など）による報告・討論を基礎にした論考を改めて執筆し、広く一般の読者や研究者に公表することが大いに評価される絶好の機会であるとわれわれ関係者の全員が一致して判断した。そこで、「ユーロの検証とゆくえ――対談：吉國眞一・小川英治――」の企画をはじめ、新たに書き下ろした論考五編を含めて、国際シンポジュームの集大成版として公刊するに至った。本書の吉國眞一・小川英治・春井久志共編『揺れ動くユーロ――通貨・財政安定化への道』の上梓までには、多数の方々のご協力を賜ったことを覚え、編集者を代表してここに深甚なる感謝の意を表明するものである。また、本書の出版を快くお引き受けいただいた蒼天社出版の上野教信社長に対して、感謝を申し上げる次第である。

二〇一三年一二月二日　神戸・麻耶山麓の寓居にて

編集者を代表して、春井久志

索 引

索　引

し

く

索　引

か

き

索引・和文

索　引

索引・欧文

【執筆者】

廣田 功（ひろた いさお）（第2章）

現在、帝京大学教授

ジェラール・ボシュア（第3章）

現在、セルジ・ポントワーズ大学教授、前パリ大学教授

エリ・レモロナ（第4章）

現在、国際決済銀行・アジア太平洋地区総代表

エリック・チャン（第4章）

現在、国際決済銀行

フランチェスコ・パパディア（第5章）

現在、PCS 会長（Prime Collateralized Securities）、元欧州中央銀行・金融市場局長

【訳者】

吉國眞一（はしがき、第4章）編者略歴

土屋 元（つちや はじめ）（第3章）

現在、関東学院大学非常勤講師

西川 輝（にしかわ てる）（第5章）

現在、横浜国立大学准教授

【編者】

吉國眞一（よしくに しんいち）（対談、第１章）

現在、株式会社みずほ証券リサーチ＆コンサルティング理事長

小川英治（おがわ えいじ）（対談）

現在、一橋大学教授

春井久志（はるい ひさし）（あとがき）

現在、関西学院大学教授

揺れ動くユーロ―通貨・財政安定化への道

2014年4月5日　初版第1刷発行

編著者　吉國眞一・小川英治・春井久志編

発行者　上野教信

発行所　蒼天社出版（株式会社　蒼天社）

101-0051　東京都千代田区神田神保町 3-25-11

電話　03-6272-5911　FAX 03-6272-5912

振替口座番号　00100-3-628586

印刷・製本所　三松堂

ISBN 978-4-901916-32-5 Printed in Japan